职业指导课程丛书

求 职 指 导

丛书主编　张　丰

本册主编　谢卫民　李　日

浙江大学出版社

图书在版编目（CIP）数据

求职指导 / 谢卫民，李日主编. —杭州：浙江大学出版社，2004.2（2016.2重印）
（职业指导课程丛书 / 张丰主编）
ISBN 978-7-308-03595-8

Ⅰ.求… Ⅱ.①谢…②李… Ⅲ.大学生－职业选择－教材 Ⅳ.G647.38

中国版本图书馆 CIP 数据核字（2004）第 005706 号

求 职 指 导

谢卫民 李 日 主编

责任编辑	葛 娟	
出版发行	浙江大学出版社	
	（杭州市天目山路 148 号 邮政编码 310007）	
	（网址：http://www.zjupress.com）	
排　版	杭州中大图文设计有限公司	
印　刷	浙江万盛达实业有限公司	
开　本	850mm×1168mm 1/32	
印　张	6.75	
字　数	160 千	
版 印 次	2004 年 2 月第 1 版 2016 年 2 月第 15 次印刷	
书　号	ISBN 978-7-308-03595-8	
定　价	7.00 元	

职业指导课程丛书编委会

序　言

在职业学校中开设职业指导课,全面、深入、系统地对学生进行求职指导与创业指导,是我国教育体制和劳动就业制度改革的必然要求,是职业教育面临的一项紧迫任务,也是当前推进素质教育的重要举措。教育部于 2002 年下发了《关于加强职业技术学校职业指导工作的意见》,并于 2003 年 11 月在河南郑州召开了全国职业技术学校职业指导工作经验交流会,专题研究职业技术学校的职业指导工作,把职业指导作为关系职业教育现有成果的巩固和进一步深化改革、求生存争发展的关键性举措。为此,我们一定要大力加强职业指导工作,从学生实际出发,把职业指导当做让学生"学会做人"的重要途径来抓。

职业教育是培养人们从事某种职业所需要的技能和知识的专业化教育。其实质是一种生计教育,也就是就业与创业教育。所以说,职业指导工作是职业教育的龙头,它在很大程度上决定着职业教育的生存和发展。加强职业技术学校的职业指导工作,是实现职业技术学校毕业生顺利就业的有力措施,是实现职业教育服务经济社会发展功能的有效途径,它对职业教育的改革与发展有着深远的影响。一是有利于打通就业出口,拉动职业学校的招生,加快高中段教育的普及;二是有利于促进中等职业学校专业结构的调整,增强职业学校毕业生的适应能力以及学校为经济建设服务的针对性;三是有利于提高教育教学质量,深化教学改革,加强实践教育环节,培养学生的就业竞争能力;四是有利于提高中等职业学校毕业生的就业率和就业质量,促进地方经济的建设。

前几年,许多地区和学校都有组织、有计划地对职业指导工作进行了专门的研究和探索,形成了不少成功的经验和教育素材。台州市根据本地的实际,构建了由职业道德、求职指导、创业指导与创业实践活动等模块组成的职业指导系列课程,就是一项可贵的成果。

这套职业指导系列课程有以下三方面的特点:

一是结合当地实际,重视学生创业意识与创业能力的培养。《中共中央关于加强社会主义精神文明建设若干重要问题的决议》中指出:"在全民族树立艰苦创业精神,是实现社会主义现代化的重要思想保证。"把创业列为职业指导课程的内容是时代发展的要求,是指导学生在市场经济大潮中求生存、求发展的必经之路。

二是将综合实践活动课程的理念引入到职业指导课程中。这不仅符合职业指导课的内在规律,而且也适应我国当前实施素质教育的发展趋势。这种密切联系学生自身生活和社会生活,以学生的体会与经验为基础的学习方式,对于实践能力的发展有着重要的作用。

三是循序渐进,将职业指导的各主题贯穿于职业学校教育教学的全过程。从职业道德、职业素养到择业观念、创业意识,从基本的社会常识、择业与求职的技巧到创业的知识与技能乃至就业竞争能力的全面提高,都体现于职业指导课程的整体规划之中。

加强职业指导教育,既是一项具有挑战性而又比较艰巨的工作,又是一项具有深远影响的工作。希望各类中等职业学校都能开设职业指导与创业指导课,并把职业指导教育和创业教育贯穿于学校教育的全过程中。

黄新茂

（浙江省教育厅副厅长）

2003年12月

课 程 说 明

教育部已规定《职业道德与职业指导》为中等职业学校学生必修的德育课。2002年10月,教育部又下发了《关于加强职业学校职业指导工作的意见》,进一步明确了职业指导工作的目标和任务。我们根据当前的社会就业形势,以及东南沿海地区个私经济较为发达的背景,把职业思想与职业道德、择业与求职指导、创业指导作为职业指导课程的三大板块,同时将综合实践活动的理念引入到职业指导课程中,构建了具有地方特色的职业指导系列课程。

这套职业指导课程包括职业道德、求职指导、创业指导和创业实践活动四个部分。因为职业道德与综合的职业指导已有比较成熟的课程计划与教材,并已作为中等职业学校第一学期德育课学习内容。所以,我们从另外三个选题对职业指导课程进行了发展,组织力量进行课程与教材建设,编写了《求职指导》、《创业指导》和《创业案例与实践活动》三本书,以供中等职业学校第二学期、第三学期和第四学期教学所用。

这三本教材是在浙江省台州市几所较早系统开展职业指导与创业教育的学校的校本教材与研究成果的基础上发展而成的。三门职业中专负责《求职指导》的编写;台州工业学校负责《创业指导》的编写;台州市教育局教研室组织部分骨干教师编写了《创业案例与实践活动》,并主持了丛书的策划与统稿。

在教材编写中,编者力图从学生的生活与需要出发,把学习与讨论的出发点放到学生可能亲身感受的生活处,引导学生"身临其境"与"设身处地"地思考问题;力图通过参与式的实践活动,让学生在体验与经验的积累中实现成长;力图把知识与道理寓于具体的案例讨论中,让学生在争论与辨析中形成社会认知与办事能力。教材中设计并组合了"生活讨论"、"创业故事"、"尝试实践"、"案例思考"、"资料链接"和"模拟训练"等学习环节,体现了从不同层次与不同角度的学习设计。

本分册由谢卫民、李日担任主编,金遂担任副主编。各章节的编写分工为:第一章、第六章由李日编写,第二章由邵毅军编写,第三章由谢卫民编写,第四章由金遂编写,第五章由朱自先编写。胡传斗为本书绘制插图。张丰主持了丛书的统稿,张宗飞负责了编写组织工作。台州市教育局一直关心与指导着这项工作。编者在此对所有给予支持的同仁表示衷心的感谢。

本套丛书是一套试用教材。在台州市刚刚开始全面开展职业指导之时,它的意义和作用是为广大学校提供辅导活动的课程框架,为广大同学提供学习和讨论的案例素材,让广大教育者共同关注职业学校学生的职业指导事业,共同参与到学生"生计教育"的工作中来。我们认为,这一课程是一门生成的课程,我们希望广大老师在使用和推广的过程中不要囿于文字,不要限于讲授,敢于创新地引入贴近学生生活、切合学生需要的话题和故事,把这套丛书的教学应用变为一个"对话"的过程,一个让孩子们学会积极对待人生的过程。也希望老师们能把这些话题、故事以及教学活动中的体会以文字的形式积累起来,也希望同学们把自己的想法与体会说出来,大家共同来完善这一课程,共同营造职业教育新的文化。

编者

2003年10月

诚恳征集批评与建议。

联系信箱为:tzjys@263.net

目　录
Contents

第一章

认识职业世界

认识职业世界
是你正确选择
职业的第一步

　　在过去小学和初中时，同学们往往不用为自己的学习生活担忧，因为父母在为你操心，为你负担了学习生活费用。然而，今天，你将要为自己将来的独立谋生作好准备。

第一节 了解就业形势

某职业学校的同学们在课余讨论毕业就业问题时，有的同学说，像以前一样中专毕业后由国家分配工作该多好啊。有的同学说，还是现在好，可以按照自己的意愿去选择职业……

你的意见呢？

党的十一届三中全会以来，我国从现实国情出发，在进行经济体制改革的同时，对劳动就业制度进行了改革，最后确立了以市场主导为特征的就业制度，使劳动者就业充满了机遇和挑战。同学们毕业后，就要进入市场，自主择业，在纷繁的职业世界里寻找自己的位置。

【小讨论】
挑战的涵义是什么？

大家观点一致吗？
能否举几件你曾成功的挑战事例。

1.＿＿＿＿＿＿＿＿
2.＿＿＿＿＿＿＿＿
3.＿＿＿＿＿＿＿＿

一、就业制度

就业制度是与国家政治经济形式相适应的劳动者就业的管理制度，是国家为保障劳动者就业所制定的一系列法规和政策。我国现行的社会就业制度主要包括：

(一) 先培训后就业制度

先培训后就业要求有劳动能力的青年,在就业之前,根据国民经济发展的需要及本人的志愿,按照行业与工种的不同,进行必要的基础知识、基础理论和基本技能的培训,使之获得从事某种工作的能力与资格,并成为具有一定政治和业务素质的劳动者。进入职业学校,进行专业理论与专业技能学习是获得职业能力与职业资格的主要途径。

(二) 职业介绍制度

职业介绍是指职业中介机构为求职者介绍职业,给用人单位提供劳动力的服务制度。职业中介机构包括政府举办的"劳动力市场"、"人才市场"、"人才交流中心",也包括学校的就业推荐部门及行业部门、社会团体、个人开办的职业介绍所、服务部、咨询公司。它们定期或不定期地开展劳动力供需见面活动,为求职者与用人单位牵线搭桥。

(三) 其他有关制度

1.工资福利制度。工资制度,包括工资形式和工资保障制度。工资形式有:计时工资、计件工资、津贴、奖金、年薪等。工资保障制度是指保障劳动者依法得到工资并自由支配工资的制度和措施。福利制度是指用人单位和有关社

【小调查】
请找自己熟悉的人,了解他们的工资形式,分析不同工资形式的特点。

会服务机构为保证劳动者的生活水平、提高生活质量而向劳动者提供的一种社会保障制度。

2.社会保险制度。社会保险是指劳动者因年老、患病、伤残、生育等原因而丧失劳动能力或失去劳动机会时，由国家和社会给予物质帮助和补偿的一种社会保障形式。

社会保险主要有：

(1)养老保险

(2)失业保险

(3)医疗保险

(4)工伤保险

(5)生育保险

(6)遗属补贴

3.职业安全卫生制度。它是保障劳动者劳动安全和卫生的一系列工作制度，包括安全生产责任制度、安全生产检查制度、劳动安全监察制度、伤亡事故报告和处理制度等。

4.劳动争议仲裁制度。劳动争议仲裁是指劳动争议仲裁机关，根据劳动争议当事人的申请，依照法定的程序，按照劳动法律和法规，对劳动争议作出裁决，从而使争议得到处理的一种方式。

资料链接

新中国就业制度的演变

建国以来，我国劳动就业制度经历了一系列演变过程。

解放初期，社会主义国营经济与民族资本主义工商业并存，公有制经济在国民经济中所占的比重不大，为了保障工人阶级和其他劳动者的就业，调动劳动者的生产积极性，普遍实行"统包统配"的固定工制度，由国家把所有城镇劳动力包揽下来，统一分配就业，不规定使用期限，使劳动者与用工单位形成终身固定的劳动关系。这在当时的历史条件下，对于稳定社会秩序，迅速解决旧社会遗留下来的严重失业问题起到了积极作用。

20世纪50年代后期，社会主义公有制经济逐步占主导地位，生产规模的扩大，生产力水平的提高，对从业人员的要求也越来越高。能进不能出的固定工制度使得职工人数不断增加，远远超过生产发展的需求，严重妨碍了企业经营管理的改善，影响了劳动生产率的提高。1958年，刘少奇同志就劳动就业制度改革发表许多重要讲话。他提出"多用临时工，少用固定工；新人新制度，老人老制度,企业用工能进能出"的用工制度设想。同年6月26日,中共中央在批转劳动部的请示中指出:应广泛使用合同工,力求少用固定工。至此,临时工制度有了较大范围的推广。但不久后推行临时工、合同工制度的工作又停顿了下来。1964年,许多地方重新进行劳动制度改革试点,在部分行业试行定期转换的"亦工亦农"制度,并于次年召开全国"亦工亦农"制度经验交流会,以推广这一做法。

但是,"文化大革命"期间,这两种用工制度都受到攻击。政策规定常年性的生产工作岗位,应该使用固定工,不得招用临时工。因单位工作需要,本人条件合适的在岗临时工可以改为固定工。这样使得固定工制度得到进一步强化。这种以"统包统配"为主的用工制度,使劳动就业制度与社会政治经济制度不相适应,其弊端主要表现在:

第一,劳动者完全依赖国家就业,没有就业主动性,吃"大锅饭"、捧"铁饭碗",缺乏竞争意识和创业精神,致使职工队伍素质不断下降。

第二,用人单位无用人自主权,需要的人进不来,多余的人出不去,人才不能合理流动,造成人浮于事和学非所用等现象,由此导致企业经营管理混乱,劳动生产率低。

第三,国家负担沉重,为安置社会劳动力花去大量人力、物力、财力,造成经济建设和社会发展速度缓慢。

党的十一届三中全会以来,随着工作重点的转移,经济体制改革的步伐加快,劳动就业制度改革也在逐步推进,先后提出和实施了"在政府统筹规划和指导下,劳动部门介绍就业,自愿组织起来就业和自谋职业相结合"的就业方针(简称"三结合"就业方针),实行"先培训后就业"的原则和"面向社会,公开招收,全面考核,择优录用"制度以及劳动合同制等,并建立和发展了就业服务管理机构以及社会保障制度,有计划、有组织地建立和开放了劳动力市场,使我国的就业方针与政策逐步适应社会主义初级阶段经济和社会发展的需要。

二、我国现行的就业制度

随着我国社会主义市场经济的不断发展与完善,劳动就业方针也逐步从旧的"三结合"过渡到新的"三结合"，即"政府促进就业，市场调节就业，个人自主就业"三结合的就业方针。

政府促进就业是指国家运用经济、法律和行政等各种手段，扩大就业机会，提供就业服务，并确保公平就业，最终达到促进劳动者充分就业的目的。

市场调节就业是指在劳动力市场充分发育的前提下，以市场机制为劳动力资源配置的基础性调节手段，实现用人单位和劳动者的双向选择，满足双方的需要。

个人自主就业是指劳动者按照社会的需要和对现有职业的比较，选择最适合自己的兴趣、爱好和专长的职业，或在国家法律、法规和政策允许范围内，从事个体生产经营或其他劳动。

随着劳动者就业市场化，劳动者获得就业机会不再依赖政府，而是通过劳动力市场自主选择职业，竞争上岗。

三、当前的就业形势

姚昌奕同学参观人才交流会后与同学们说，在人才交流会上求职者人山人海，用人单位大部分只招大学生或有工作经验者，招中专生的不多，看来要找一份理想的工作很难。程功同学则认为，我们那里新办企业较多，找一份工作还是不难的，关键看你是否主动去适应它。

当前的就业形势如何，这不仅是职业学校毕业生关注的问题，也是职业学校在校生应当关注的问题。求职者只有关注就业市场的变化，才能及时调整自己的择业求职方案，才能增强职业选择的正确性与主动性，才能通过竞争尽快实现就业目标。

当前我国的就业形势的特点主要有：

(一)劳动力总量供大于求

我国是一个发展中国家，人口过剩，就业问题十分严峻。根据第五次全国人口普查统计，我国人口总量达12.8亿，其中劳动适龄人口高达8亿之多，如此庞大的劳动人口已超出我国社会经济的发展规模。与此同时,企业生产的发展,工艺的进步,设备和管理日趋现代化,对生产与管理人员提出更高的文化技术要求。在企业转制中出现的大量下岗和待岗职工，来自农村的大量剩余劳动力加入到就业市场，再加上许多退休的干部职工要求发挥余热，使我国目前的劳动力总量严重供大于求,就业形势十分严峻。

(二)就业竞争日趋激烈

劳动力供大于求，必将导致激烈的就业竞争。由于社会经济的发展和科技进步，社会对劳动力的文化和技术素质要求提高，致使低素质的劳务型的劳动力就业特别困难。再加上我国对劳动者就业实行双向选择,竞争上岗,一些热门行业和经济效益好的单位或工种，在招聘时应聘者众多,但岗位有限,只有那些受过职业

【多沟通】

据有关媒体报道,随着长江三角洲地区制造业的发展,许多企业亟需有较高技术水平的高级技工。因此,各地制定了引进外地高级技工的政策,并享受高级知识分子的待遇。你对这一报道。有何看法?＿＿＿＿＿＿＿＿

＿＿＿＿＿＿＿＿

技术教育且素质较好者能够就业，而那些素质较差者只能降低择业标准，或暂时无法就业。

近几年，国家通过各种渠道为社会提供就业岗位，但还远远不能满足庞大的适龄劳动人口的需求。这种就业竞争既是劳动者就业的压力，也是促进劳动者提高自身文化、技术素质，增强就业竞争力的强大动力。这一形势也有利于提高劳动生产率，推动经济和社会的发展。作为在校的青年学生，为适应未来的竞争应该抓紧时间，认真学习文化知识和专业技术，努力提高自己的综合素质，为毕业就业做好充分准备，以迎接挑战。

【小讨论】
有人说"把就业难的压力转变为努力学习的动力。"谈谈你对这句话的理解
————————
————。

(三)劳动者就业存在着结构性问题

由于我国地域辽阔，人口分布不均匀，再加上经济发展不平衡，以及部分人择业观念的不当，导致就业的结构性矛盾日益突出。主要表现在：人口密度大的内地和沿海地区劳动力过剩，而边疆和少数民族地区劳动力不足；一些热门行业或工种竞争激烈，而一些林区、矿区、地质勘探等艰苦行业所需劳动力严重不足。为此，我们在择业时应根据自己的特长和社会需要，避"热"就"冷"，以争取早日就业。

【多沟通】
你所学的专业是否属于热门行业？——
————————

了解"结构性矛盾"后，你又有哪些新启发呢？————
————————

(四)就业市场蕴含着无限生机

在改革开放不断深入的今天，就业市场蕴含着无限生机。"三资"企业、民营企业异军突起，为广大就业者提供了更多的就业岗位；农业生产的产业化及农副产品深加工的出现，也为

有志于农业经济的青年提供了活动空间；商贸经济的发展，特别是大型商城的建成，为热衷于"做生意"的青年营造了良好的经营环境；我国加入WTO以后，随着各成员国之间商品、资金、科技、信息等方面交流的扩大，国际劳动力输出的数量将会大大增加。随着新"三结合"就业方针的实施，劳动力市场的不断发展和完善，就业竞争也将趋于规范。

调查分析当地的社会经济发展情况，罗列一下本地有特色的工业、农业以及商业经营等多方面的就业和创业机会。

工业方面_____

农业方面_____

商业经营方面_____

其他方面_____

哪些机会的发展前景较好，与你的兴趣特长较为适合。请重点推荐_____

_____

分析就业形势主要要分析当地劳动力的供需情况和产业的经营状况。请走访当地的人才市场、劳务市场或参观当地人才交流会。体会一下本地的就业形势，并继续分析自己倾向的就业和创业机会的特点。

商机无限呵！

_____

_____

_____

第二节　增强竞争实力

　　某职业学校机电专业毕业生廖操，第一次参加A公司的笔试被淘汰，再参加B公司的面试，又因不善言语未被录用，参加C公司的实际操作考核还是未过关。

　　随着社会主义市场经济的不断深入，优胜劣汰的竞争法则随处可见，劳动者就业就是通过双向选择竞争上岗。因此，职校生在步入社会前，一方面要加强对自身职业素质的培养，提高就业能力；另一方面要积极培养自己的竞争意识，使自己成为竞争社会中的强者。

一、什么是就业竞争实力

　　就业竞争实力是指人们从事某种职业劳动的技能与知识特长，以及人们有效发挥自己特长的能力。一个人，若不具备从事某种职业的劳动技能及知识，就不能胜任该职业的劳动，因而也就不具备该职业的竞争能力。譬如，不熟悉商品知识、顾客心理的人就当不好营业员。所以，人要立足社会，要劳动和生活，一定的职业劳动技能和知识，是人的立足之本、发展之本。

　　当今的时代，是竞争的时代，就业者只有不断学习，不断提高自己的竞争能力，才能在竞争中站稳脚跟，走向人生的辉煌。

就业靠竞争，
竞争凭实力。

二、就业竞争实力的主要表现

就业竞争实力也就是人在就业或从业过程中所表现出来的综合素质和综合职业能力。这种综合素质和能力概括起来，主要表现在：

(一)基础素质

1.思想政治素质。思想政治素质是人们从事职业、成就事业的动力和精神支柱。从近几年毕业生就业情况看，用人单位对思想政治素质高的毕业生兴趣浓厚。优秀毕业生、学生党员、学生干部普遍成为用人单位的"抢手货"。所以，政治思想素质良好是对职业学校学生的基本要求。

生活态度要积极　兴趣要广泛　静得下心能吃苦　有责任心才行

2.职业道德素质。职业道德素质是劳动者履行职业职责的重要保证。职业道德的核心是认真守信，有责任心。也只有具备一定的道德素质，才能在职业活动中刻苦钻研业务，提高劳动技能，讲求质量信誉，履行岗位职责。

一个人平常的生活处理的态度，将会变为自己未来职业道德的基础。

3.科学文化素质。科学文化素质既是人们从事职业活动的基础，又是人的能力开发和掌握劳动技能的知识基础。职业学校学生在校期间应该学好科学文化基础知识，打好知识的根基，不仅要掌握与自己专业有关的知识，还应博览群书，拓宽知识面，建立合理的知识结构，为自己今后的成才奠定坚实的基础。

【小讨论】

在职业学校中，文化课学习的目标是什么？_____
你会把文化课学习与日常生活应用联系起来吗？_____

4.心理素质。在职业活动中,心理素质表现为个人适应环境、调节自我和承受挫折的能力。目前，许多用人单位在招聘毕业生时非常注重心理素质的测评。因此,职业学校学生要注重自己心理素质的提高，以能接受用人单位的测试与挑选。

5.身体素质。身体素质是人们参与就业竞争、从事职业活动的基本条件。一个人如果掌握了一定的职业技能,却没有健康的体魄做保证,也难以在激烈的就业竞争中实现自己的择业目标。即使实现了择业目标,也难以正常开展职业活动。所以,加强身体锻炼,增强自己的身体素质是十分重要的。

6.创新精神。创新精神是指人在创造新事物、产生新设想的过程中,所表现的勇于探索、勇于开拓的精神。这种精神表现在:敢于发现前人没有发现的真理,解决前人没有解决的问题,走前人没有走过的路。这种精神对一个国家、一个民族、一个立志有所作为的人都是极其重要的。现实中的创新既是艰苦的,但又是朴素的。一些平凡的劳动者在工作中也能有杰出的创新,关键在于他能认真地对待工作,又不拘泥于传统。

创新是一个民族的灵魂,是一个国家兴旺发达的不竭动力。
——江泽民

时代的发展,社会的进步,对劳动者提出了更高的要求,大家不但要掌握现代科学知识,建立最佳知识结构,而且还应具备勇于开拓、大胆创新的能力。所以,职业学校学生在校期间就应该注重创新精神的培养和创新能力的提高。

(二)职业技术特长

职业技术特长是就业竞争实力的核心内容。它是在掌握一定的科学文化知识,经过一定的职业技术训练,或一定的工作、生活实践锻炼,逐渐掌握和提高的。这就要求每一位职业学校毕业生掌握某一领域的职业劳动技能。在校时,不仅应该重视专业课程的学习,而且还要重视基本技能及操作技术的训练,重视实践环节。

【小讨论】
举几例自己和伙伴学习生活中自感满意的,又隐含创新意义的事。

动手能力是职业学校毕业生的强项。用人单位在招聘员工时,总是看重动手能力强的同学,尤其是那些能学以致用,能解决实际问题的同学。正因为如此,职业学校毕业生才深受用人单位的欢迎。

某公司招聘一名文秘人员。应聘人员经过笔试、面试,只剩下文秘专业的大专毕业生A与电脑文秘专业的职业学校毕业生B。这两名毕业生各有长处,A大专毕业,写得一手好文章,B虽是中职毕业生,但有计算机等级证书、驾驶执照。人事部门难以确定,只得将笔试、面试有关材料转呈公司领导定夺,最后公司领导决定录用B。

某航空地面服务公司在报纸上印发广告,高薪诚聘员工。消息传出后,应聘者趋之若鹜。公司人事部长亲自面试,应试者络绎不绝。其中不乏有人企图疏通关系,希望公司人事部网开一面让其入选。一位女孩径直走向考官,默默地从手袋中取出一个绿色小本,递给人事部长,人事部长谨慎地打开小本,用英语和她进行了简单对话,然后热情地说声"OK",递给女孩一张表,说:"你被录取了。"周围众人皆惊讶，问女孩："你和部长有什么关系？"女孩摇头，只将那绿色小本给大家看，原来那是一本"剑桥商务英语证书"。

(三)潜在职业能力

潜在职业能力是人们尚待开发的能力。由于就业条件和机遇所限，不少人不得不放弃自己的职业兴趣和爱好去从事其他职业。这种暂时放弃的职业兴趣、爱好往往成为人的潜在职业能力。另外，人的某些能力由于缺乏实践和训练的机会而未得到应有的开发，一旦拥有这种机会，潜在的能力便可形成新的劳动技能。开发、利用人的潜在职业能力，是提高人的整体素质，使其职业劳动技能具有多种适应性的重要方面。在人的智力和科学文化知识水平基础上形成的劳动技能，是人在就业竞争中的现实实力；而潜在职业能力则是人在就业竞争中的潜在实力，潜在实力的开发和利用，是扩大自身竞争实力的重要手段。

我们每个人都是独立的个体，每个人都有无限的潜在能力，只有开发利用你的无限潜力，才能确立你在生活中的合适位置。有才能的人并不一定都能成功，成功的人并不是其才能都超过别人，而其潜能的开发利用程度却是关键之一。所以，我们应当时刻注意认识自己的潜能所在，并在择业求职过程中，合理地运用自己的潜能条件。对潜在职业能力的充分认识与开

我们都有一些自己并不晓得的能力，能做到连自己做梦都想不到会做的事。只有在面对需要时，我们才会奋起应付环境，并且做到迄今为止似乎不可能的事。

——卡耐基

【多沟通】

许多学校都在开设选修课，参加选修课学习是开发潜在职业能力的重要方式。你同意我们的观点吗？——————

发,将为你成功地择业、就业打下坚实的基础。

继续学习的能力也是一种重要的潜在职业能力。职业学校学生不要因为自己文化课成绩不好,就认为自己不会学习,不必学习。实际上,学习的形式有很多。过去的读书与考试只是学习的一种方式,也许职业学校学生不适应于这种学习方式,但可能有我们自己独特的学习方式。

不过,对于即将工作的职业学校学生来说,我们的学习任务主要是:扩大知识面,拓展社会通用技能,加强专业技能。如果有诸如书法、驾驶、公关等方面的特长,则求职的成功率就会增大。一个年轻的电脑工程师,尽管对目前的境况挺满意,但还是在读企业管理大专班。因为他认为在竞争激烈的现代社会中,一个人不可能一辈子仅仅只捧一只饭碗,要想在职业选择中始终处于主动的优势位置,多一点才干,就多一点自主权,随时有能力打开第二扇职业大门。

(四)有效展示自身特长的能力

能否向周围的人们,向用人单位以及自己的上司适时、得体地展示自己的业绩和特长,从而促使别人了解自己,认识自己,也是一项重要的能力。

生活中有些人虽然满腹经纶,却无用武之地,以至怨天尤人;而有些人,即使少有才气,也能得心应手,驰骋于自己的岗位。究其原因,缺乏有效展示自身特长的能力可能也是一个关

【小讨论】
"不要因为自己考试分数低,而自认为能力差,而逃避学习"。你赞同这一观点吗?你觉得自己哪些方面的学习能力还挺不错。

其中对将来比较有用的能力有_____
_____

键。在当今社会里,能否有效地展示自身的特长已显得尤为重要,它在一定程度上影响着自己的前途和命运。

展示自身的特长,首先要注意自己是否有能够展示的特长。其次要充分相信自己的能力,拥有自信。羡慕别人、怀疑、悲叹自己,都是不可取的。实际上,每个人都有自己的长处,成功者与失败者最大的区别在于:前者能有效地展示自己的特长。

有效地展示自己的特长,重要的一条是要具有足够的胆识。害羞、胆怯、怕出风头、怕听闲话,都是不行的。要有毛遂自荐的精神和"我选我"的气概,这种新的思想观念和行为准则是值得推崇的。不过,我们还要注意"自信风格"应该适应自己的环境,即力求使你的特长被人欣赏、被人接受。

有效地展示自己的才能,并不仅仅是给自己心理暗示,它还是一门学问,一种技巧,需要你根据周围的环境来判断,怎样的自信最适合你,并且也适合大家。不要因为你想自信而给大家带来不快,并破坏了大家对你的好感。工作中正确和有效的自信并不是很容易获取的。正如一位社会学家所说:"你自信的风格必须适应你的工作环境及与你交往的人。"当你展示自身才能的方式不能产生实际效果时,就应当想到改换方式方法,而不必抱怨他人,因为抱怨是毫无意义的。

在课堂教学中,积极争取发言也是有效展示自己才能的良好时机。

敢于向旁人展示自己的特长，不光是对自己能力、成绩的肯定，而且有助于增强信心，它是增强自己就业竞争实力的重要环节。

　　　　　　　1.请认真分析自己有哪些方面的特长？

_____

_____

请在有展示价值的特长前加"★"。(请思考,展示价值指的是什么?)

2.你喜欢在哪些人面前展示自己的特长？

_____

3.你有哪些展示特长的方法？

_____

4.在哪些方面你还有可能形成有意义的新特长?敢于思考!!

_____

　　　　　半年前，梁丽调到一家杂志社做编辑。她此前曾发表过许多文章，并且与他人合作编辑过几套较有影响的丛书。按她的条件，在杂志社做编辑应是得心应手，轻车熟路的。但是，在新单位里，她没有急于表现自己，而是多听、多看，凡事先听取同事们的看法，然后才发表自己的意见。因为是新人，经常被大家呼来唤去，要她做一些繁琐小事。对此，她不仅没有任何不满，而且把每件事都做得很好，即使是扫地，也扫得很认真。大家对她的印象很好，说她工作上进，懂得尊重人。此时的她认为应该多展露自己的才能了，应该给领导和同事一个自信的形象。于是，在一次业务会上，她提出了两个很有分量的选题。其中一个选题当场被总编否定，理由是这个选题较偏，不能产生轰动效应，但她却认为此选题极有可能出奇制胜。会后，她找到总编，陈述自己的想法，恳请总编给她机会，重新考虑她的选题。总编同意了，结果她负责的栏目被评为最受欢迎的栏目。

第三节　树立正确的就业观

在班会课上,同学们讨论当前应树立的就业观时,有的同学认为:就业就是挣钱。还有的同学说:找工作就是找事业。有的同学说:找工作凭实力靠竞争。同学们众说纷纭。

就业观是指人们对就业问题的认识、看法以及对就业所持的态度。就业观是一个人的思想品德、作风修养以及行为习惯等在就业问题上的反映,它影响着人们对职业的选择,关系到就业质量的高低,并将对一个人如何走完职业生涯有着深远的影响。

一、就业的价值观

就业是重要的。然而,不同的人由于就业动机的不同,对就业的价值就有不同的看法:有人把就业作为个人谋生的手段,有人把就业作为发挥个人才能的条件,有人把就业作为个人为社会做贡献的途径。这三种就业价值观在每个人身上都有不同程度的反映,一个人的就业观是否正确,关键是能否摆正这三种就业观的位置。

一个人要生存,必须具备基本的物质生活条件,社会要求每个有劳动能力的劳动者必须从事一定的社会劳动，依法取得相应的报酬或经营收入，以维持自身和家庭成员的生计。因此，就业仍是个人谋生的手段。但是，人除了挣钱谋生外，还应有所追求，就业既是生存的需要，又是人生的载体，就业为人的发展提供了条件，人的才能也只有在社会劳动中才能闪光。因此，就业是劳动者发挥个人才能的条件。社会是一部庞大的机器，每个人都是这个机器上或大或小的零部件。人与社会、人与人相互依存。这就要求人在劳动中除了获得报酬外还必须承担社会义务。人在劳动中既为社会也为他人做出了贡献，同时也享受到他人的劳动成果。人承担社会义务，主要在就业中体现。因此，就业是个人为社会做贡献的途径。

我们要以科学的世界观为依据，实事求是地分析就业与谋生手段、发挥才能、贡献社会的关系，把贡献社会放在首要地位，把发挥个人才能和个人谋生手段有机地结合起来。

二、双向选择竞争上岗的择业观

当前，我国劳动者就业的方式是个人通过劳动力市场自主择业。因此，劳动者在择业求职过程中要有双向选择、竞争上岗的意识。这是因为：第一，劳动者为了更好地实现自己的人生价值，在择业求职时要根据自己的爱好、特长和能力等因素选择就业单位或工作岗位，用人单位也要根据企业的发展或工作需要按照一定的标准来选择员工或工作人员，这样在劳动者求职

【小讨论】

就业的价值是什么？有的人很清楚，有的人很模糊。你清楚吗？_____

从谋生的需要，到施展的需要，再到社会价值的体现，你倾向于_____

如果每个人的倾向都仅限于谋生，整个社会又怎样呢？

————————

过程中就形成了双向选择过程。第二，由于劳动力供大于求，就业竞争十分激烈，这就要求求职者破除"一选定终身"的传统就业观念，树立"不求定位先就业"的择业观念，不要把个人的兴趣、爱好作为择业的先决条件，也不要把"又舒适又能多挣钱"作为择业的必要条件，更不能过分强调专业对口，而应适当降低择业的期望值，等待时机，谋求发展。同时，要求求职者树立"先求生存，再谋发展"的就业观念。因为生存是发展的基础，而就业是保障生存的基本条件。因此，在择业求职时，不要把求职目标定得太高，应抓住机遇，尽快实现就业，只有先就业才能在工作岗位上锻炼自己的能力，有了能力才能更好地发展自己的事业。

先求生存
后求发展

三、敬业乐业观

敬业乐业是指人们对所从事的职业的尊重与热爱。每一类职业都要求从业人员能够最大限度地敬业与乐业，这既是从业人员充分发挥个人聪明才智，提高工作质量和工作效率的前提，也是用人单位的领导所期盼的。

【多沟通】
敬业乐业与时下流行的"跳槽"矛盾吗？_____
_____

职业本身并无高低贵贱之分，每一个社会成员，无论从事何种职业，都应该感到光荣和自豪，"三百六十行，行行出状元"，只要热爱自己的本职工作，无论在多么平凡的岗位上，都可以做出惊人的成绩。"干一行，爱一行，钻一行"，不要管别人对自己所从事的职业如何评价，存在就是需要，从事便需热爱，热爱便能有所建树。

"走自己的路,让别人去说吧!"

四、创业观

创业不但是有抱负、有作为青年人应有的理想,也是社会的需要。许多职业学校毕业生,艰苦奋斗、发奋成才,走上了自力更生、自主创业之路。职校生的创业之路,首先要自觉树立创业观念,其次要注意学习有关创业的知识,提高自己的创业能力,为毕业后的创业打好基础。

树立创业观,就不能依赖父母或亲戚朋友,要依靠自己的努力和奋斗建立起事业的基础。树立创业观,就要敢于为理想和事业而拼搏,不要企求一帆风顺,任何事业的成功都是在历尽艰辛和饱尝失败的痛苦中取得的,只要具有坚忍不拔的信念、自强不息的精神,辉煌的事业终将与你同在。

程功是某职业学校电子专业毕业生,应聘于×私营企业做质检工作。报到后,当老板告知所谓质量检验只需按数量装箱打包即可,这样质检员就变成了打包工。程功越想越不是味,只好放弃"质检员"岗位,实施再次求职方案。

第二章

做好求职筹划

求职是我们认识自己、展示自己与推销自己的过程。

1.重视自我分析,掌握认识自我的内容与方法。
2.了解未来职业生涯规划的道理,并尝试进行未来规划。
3.了解各种求职渠道的特点,并学会利用有关渠道进行求职。
4.掌握搜集、筛选与运用就业信息的基本方法。

第一节 认识自我

罗伯逊对修理汽车挺在行。一次,他看到招用汽车修理工的广告后,非常想去,但又担心自己的能力没有把握,而打了退堂鼓。

你能从中吸取教训吗?

杰克斐素来胆大,总认为天下没有自己干不好的事。一次,他被招聘到某精密仪表厂工作,由于他的粗心和外行,很快就被解聘了。

在走向社会之前,我们必须充分认识自己。对自我作出准确的分析和评价,这样才能在求职择业中减少盲目性,才能较为准确地规划自己的职业生涯。

知己知彼,
百战不殆。
——《孙子兵法》

一、认识自我的意义

求职同作战一样也需要“知己知彼”,需要

求职者准确客观地认识自己和职业世界。"知己"就是认识自我。自己到底能干哪些工作？适合干哪些工作？哪些工作自己能干好？哪些有困难？对这些问题，求职者必须做到心中有数。

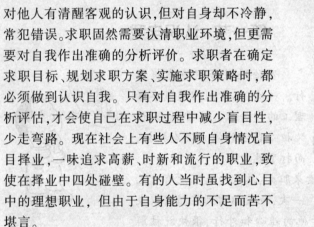

"人最不了解的往往是自己。""人贵有自知之明。"这些传世格言都道出了认识自我的重要。有些人对他人有清醒客观的认识，但对自身却不冷静，常犯错误。求职固然需要认清职业环境，但更需要对自我作出准确的分析评价。求职者在确定求职目标、规划求职方案、实施求职策略时，都必须做到认识自我。只有对自我作出准确的分析评估，才会使自己在求职过程中减少盲目性，少走弯路。现在社会上有些人不顾自身情况盲目择业，一味追求高薪、时新和流行的职业，致使在择业中四处碰壁。有的人当时虽找到心目中的理想职业，但由于自身能力的不足而苦不堪言。

二、认识自我的内容

认识自我是求职过程的关键一步。其内容主要包括对求职者自身的个性、兴趣、专长、资历，以及职业期望等方面的分析。

(一) 个性

有的人谈笑风生，有的人沉默寡言，有的人处事稳重，有的人办事浮躁，这就是人的个性。

个性影响着一个人对于某种职业的适合性。不同的职业,适宜不同个性的人去干。求职者若能找到一份适合自己个性的职业,就容易从工作中获得满足感和成就感。

(二) 兴趣

有的人对音乐感兴趣,有的人对体育运动感兴趣,有的人喜爱无线电装配。不同的兴趣,适应不同的职业群。求职者若能找到自己感兴趣的职业,自然会心满意足,工作起来就会全身心投入,充满干劲。

(三) 专长

有的人精于文字写作,有的人善于口头表达,有的人擅长机器操作,这就是人的专长。求职者若能找到一份符合其专长的职业,就会学以致用、人尽其才。

(四) 资历

资历是指求职者曾接受的教育、训练、学历证书、专业资格和工作记录等。良好的资历是成功求职的重要因素,也是工作生命中的宝贵资产。

(五) 期望

在职业活动中,有的人重视金钱财富、名誉地位,有的人渴望发挥自己的专长,有的人则要求满足自己的兴趣,这就是职业期望。求职者对职业的期望虽各有不同,但应注意要使自己的期望合乎实际。

三、认识自我的方法

准确客观地认识自我，需要掌握运用一些科学的方法。

(一) 自我测评

认"摄"自我

求职者对自身的各方面素质进行认真仔细的分析、评估，以明确自己的优势与弱点，并能对自己的潜能和工作选择的方向进行分析，这一分析评估应力求全面、客观、深刻，应联系生活中的成功与失败的经历，绝不回避缺点和短处。

(二) 职业测评

西方等发达国家的职业测评已有比较完善的体系。我国的一些外资企业已较普遍地运用职业测评手段，如果你去某外资企业应聘时，很可能最先面对的是一套职业测评试题，没有什么标准答案但又十分客观；之后你可能要参加一个情景模拟的面试。随着我国现代化程度的提高，职业测评会日益得到推广应用。职业测评是运用科学的方法，对求职者的各方面的职业特质做出准确的判断，而后告诉他适合做什么工作和不适合做什么工作。

(三) 请人指点迷津

求职者对自身的优势和劣项往往不很明确，所以应该主动听取自己的家长、同学、朋友、老师等多方面的意见，请他们对自身的情况作客观的分析，使自己进一步明确自身的各方面职业素质。要尽量请内行人帮助自己分析,也就是说请"高手指点",这样会得益更大。在请别人帮助自己分析时,自己要有主见,对他人的意见要择善而从。

采取何种方法认识自我,要根据自身的情况而定。综合运用多种方法,会更加有利于自我分析的客观性和全面性。

四、确定职业定位

(一) 增强自信心

有的人在求职时,不是认为自己学历太低,就是认为自己能力太弱,或者经验太浅,以至于面对良好的职业岗位没有胆魄去应试。尺有所长,寸有所短。每个求职者都有自身的优势和长处。虽然求职竞争异常激烈,但只要求职者满怀信心,主动出击,扬长避短,准能找到合适的职业。自信是获得求职成功的第一要诀。自信不能是盲目的,它源于求职者准确的自我分析。求职者对自己有清醒准确的认识后,要坚信自己能找到理想的职业,要坚定不移地朝着目标走下去。当求职处境不利、遇事不顺时,求职者更要自信,若此时焦虑愁闷、灰心丧气,那么无疑会成为职场上的败兵。

(二) 确定职业定位

职业定位是指求职者在全面了解自我的情况下,确定求职方向、目标,并制订相应的求职计划。合理科学的职业定位能为求职者走向职

【小讨论】

你能清楚说出自己的优势和劣项吗?

优势_____

劣项_____

让你的伙伴帮你"把把脉",他认为你的优势劣项为:

优势_____

劣项_____

当局者迷
旁观者清

业成功提供最有力的保证。但是有少数求职者由于受"从众、自卑、求新"等不良就业心态的影响，或者有"好高骛远、眼高手低、高不能低不就"等思想作祟，不能作出正确的职业定位，使求职走入误区。

职业定位是解决将来"我做什么"的问题。作为职业学校学生必须根据自己的条件及家庭社会环境，及时决定自己毕业后是"求职打工"还是"创业做老板"，并在学习过程中注意培养与提高自己的素质和能力。

尝试活动

1.请根据下列几条对自己进行认真分析。

我的个性特点有_____

我的兴趣在_____

我的专长有_____

我还有潜能_____

我已获得的资历有_____

可以助我的环境因素有_____

2.我愿望中的职业有(写五条)_____
_____

根据上述分析,我最适合的职业有(按次序写三条)_____
_____

3.对照自己的设想成为你的理想时，分析自己还有哪些方面的差距,有待进一步努力。

_____

_____

第二节 规划未来

班会课上,同学们讨论着毕业后的设想。

"规划未来"是指求职者对自己今后的职业发展作出长远设计。它包括:确定职业目标及阶段性目标、行动计划与措施等。规划未来的核心是确定职业目标,求职者有了职业目标,方向就明确,就会努力朝目标前进。求职者要根据现代科技与社会发展及时调整职业目标,尽量使自己的职业选择与社会需求相适应。一个人只有跟上时代发展的脚步,适应社会需要,才不会被淘汰出局。

一、职业生涯的发展阶段

职业生涯是指一个人一生从事职业活动的全过程。一般可分成以下五个阶段。

1.职业朦胧阶段(出生—14岁)。以幻想、兴趣为依据, 对自己所理解的职业进行选择与评价。这一阶段对未来的职业充满了憧憬、幻想，并逐步建立自我。

2.职业探索阶段（15~24岁）。逐步对自身的兴趣、能力，以及对职业的社会价值、就业机会进行思考，开始进入劳动力市场或开始从事某种职业。

3.职业确定阶段（25~44岁）。对选定的职业进行尝试，变换工作，到逐步稳定。

4.职业持续阶段（45~60岁）。从业者在工作中取得了一定的成绩，积累了经验。这阶段是人的职业生活效益最好的阶段。

5.职业衰退阶段（60岁以后）。由于受生理机能的限制，从业已力不从心，职业生涯接近尾声或退出工作领域。

上述五个阶段中，"朦胧"、"探索"两个阶段是职业的准备时期，是个人通过身心发展，对职业的探索和技能的学习，为今后择业从业奠定基础的时期。"确定"、"持续"两个阶段是职业的黄金时期，劳动者应十分珍惜这两个阶段的光阴，使自己的职业生涯更加灿烂。

二、规划未来的内因和外因

辩证唯物主义告诉我们，内因是事物发展变化的根本原因，外因是事物发展变化的条件，外因只能通过内因起作用。求职者规划职业生涯的主要依据是自己的各种素质与技能，但也

【多沟通】
处于职业探索阶段的你，计划做哪几件事？_____

_____

. 30 .

不可忽略环境等外部因素的影响。

规划未来的内因主要包括个性、兴趣、专长等个人因素。规划未来主要考虑个人因素与职业要求的匹配问题,匹配的程度越高,越能发挥劳动者个人的积极性和创造性。

规划未来的外因是指从业人员的生存环境,主要包括职业的发展情况和人际关系等。

现代社会职业变更极为迅速,在有些陈旧的职业消亡的同时,一些新兴的职业如雨后春笋般地出现。有的职业看似发展势头强劲,但眨眼间湮没无闻,仅昙花一现。有的职业目前发展无力迟缓,但后劲很足。因此,个人在规划未来时,必须对职业的发展趋势作客观的分析。分析职业发展趋势,应在了解国内外职业发展形势的前提下,着重分析当地职业的结构及发展趋势,以及社会需要程度。

在职业生活中,人与人要经常打交道。良好的人际关系,能够为个人的职业活动创造良好的条件。在择业求职中,如果亲戚朋友多就会增加一些就业的门路。在单位里工作,如果人际关系好,也会有利于从业者学习掌握职业技能,有利于发挥个人才干,取得工作成绩。

三、规划职业生涯的步骤

(一) 确定志向

立志是人生的起点,也是事业取得成功的起点。它反映着一个人的理想、胸怀、情趣和价

【小讨论】
请列举几项已消亡了的过去的职业。
————————
————————
请列举几项新兴的职业————————
————————
应从哪些方面观察新兴的职业有无生命力————————
————————

值观,影响着一个人的职业成就。因此,立志是规划未来职业生涯的关键。

(二) 认识自我

认识自己是规划未来职业生涯的前提,只有认识了自己,才能对职业目标做出正确的选择,才能对实现职业目标的过程做出科学安排。

(三) 分析职业环境

每一个人都处在一定的环境之中,离开了这个环境,便难以生存与成长。所以,在规划未来职业生涯时,要分析自己所处的职业环境条件的特点,环境的发展变化情况,自己与环境的关系,自己在这个环境中的地位,环境对自己提出的要求以及环境对自己的有利条件与不利因素等等。只有对这些环境因素充分了解,才能使你规划出来的职业生涯更切合实际。

(四) 职业的选择

俗话说:"女怕嫁错郎,男怕选错行。"同样,职业选择正确与否,也直接关系到人生事业的成败。因此,求职者应在认识自我与分析环境的基础上,选择有利于自己发展的职业。

(五) 确定职业生涯目标

一个人事业的成败,很大程度上取决于有无正确的目标。没有目标如同驶入大海的孤舟,四野茫茫,没有方向,不知道自己该走向何方。只有确立目标,才能明

仔细观察
认真分析
正确选择

确奋斗方向,犹如海洋中的灯塔,引导你避开险滩暗礁,走向成功。职业目标包括阶段性目标与最终目标。确定职业目标要切合实际,力求找到适合自己条件、环境的最佳目标。

(六) 制订行动计划与措施

行动计划是指为实现目标而制订的具体实施方案,包括实现的时间、内容、方法等等,措施是对计划的检查、督促,是实现计划的保证。一个人只有制订出切实可行的计划与措施,才能使职业目标得以实现。

(七) 评估与修订

影响职业生涯规划的因素很多,有些因素的变化是难以预测的。因此,要使职业生涯规划行之有效,就要对职业生涯规划进行评估与修订。其修订内容包括:职业的重新选择,职业生涯目标的修正,实施措施与计划的变更,等等。

职业生涯的规划是一个动态过程,一个人只有在远大志向的引导下,努力学习,不断调整目标与措施,永远追求发展与可行,才能一步一个脚印地走完人生美好的职业生涯。

案例思考

某职业学校机电专业学生姚昌奕,立志创业。在毕业后,立即向银行贷款,租借设备、厂房,并聘本班同学许进等为工人,开办了奋飞机械厂,为巨丰机械制造公司生产配件。由于姚昌奕不善于经营管理,许进等人生产技术水平不高,再加上租借的设备陈旧,第一批产品出厂后,经巨丰公司检验,合格率达不到要求,巨丰公司拒绝接受该批配件,并告知若要提高配件的合格率,必须购置精密设备。姚昌奕即准备购置精密设备,但经多方努力,仍无法筹措到资金。这时许进等由于在厂里无工作可做,也只好另谋出路。这样姚昌奕的创业也由此搁浅。

请从职业生涯规划角度,分析姚昌奕同学创业搁浅的原因?

第三节 选择求职渠道

程功、姚昌奕、柳青华三人同为某职业学校的毕业生。程功参加人才市场招聘会,并到用工单位面谈,实现了自己心中的愿望。姚昌奕由学校推荐到某国有企业就职,虽然薪水不是很高,但专业对口,劳动强度不大,生活条件还好,因此,他觉得基本满意。柳青华是个很重情面的人,他的朋友邀请他到某私营企业去打工,他觉得情面难却就去了,虽然柳青华的薪水还过得去,但专业不对口,劳动强度很大。干了两个月后,他觉得吃不消就离开了这家私营企业。

求职渠道是影响劳动者就业的因素之一。正确认识、全面了解、合理选择求职渠道,能加快劳动者实现就业的步伐,并有利于社会劳动力的合理配置。现以现行的就业方针为依据,介绍职业学校毕业生求职的常见渠道。

一、学校推荐就业

职业学校把解决毕业生就业问题当作自身的一项重要任务,并通过安排毕业生就业来了解用人单位对毕业生的要求,不断探索适应市场需要的人才培养标准，不断增强学校的办学活力。从目前情况来看，学校推荐毕业生就业是职业学校毕业生就业首选的求职渠道，也将是今后我国社会新生劳动力就业的重要渠道。

（一）学校推荐就业的程序

学校推荐毕业生就业是学校教育教学工作的延伸，因此，学校在推荐毕业生就业前首先要在学生中开设就业指导课或开展就业指导活动，对学生进行就业观念教育与择业技巧的指导，以端正学生的择业观念，提高学生求职水平。其次是设计并指导学生制作毕业生求职的书面材料(主要是《毕业生求职推荐表》)，为推荐毕业生就业做好准备。第三是实施毕业生就业推荐。

学校推荐毕业生就业的关键是要获取足够多的用人需求信息，以供毕业生择业时选用。这就需要学校负责推荐就业的职能部门，经常与可能用人的单位联系或参加各种招聘会、洽谈会，以获取就业信息；同时尽可能地建立就业推荐的工作网络，为学校顺利推荐毕业生就业和增强学校发展的后劲奠定良好的基础。

（二）学校推荐毕业生就业的形式

1.直接向用人单位推荐

先由学校就业推荐的职能部门，通过各种途径获取就业信息，然后，向用人单位提供《毕业生求职推荐表》，供用人单位初选(有些用人单位根据推荐表直接确定录用人选)。同时，通过与用人单位的接触，进一步了解用人单位的发展前景、用工要求及工资、生活福利待遇等，供毕业生选择，最后确定面试名单。这种推荐方法针对性强，成功率高，是学校推荐毕业生就业的主要形式。

2.召开供需洽谈会

由学校出面联系尽可能多的用人单位，以会议形式在同一时间内进行招聘活动。在这种形式下，全体毕业生都有机会参加招聘，即使不能被用人单位录用，也能得到一次很好的锻炼。

3.实行实习就业一体化

对于用人单位抢手的毕业生，还可以实行实习就业一体化。即由学校出面联系既可接纳学生实习又可安排就业的单位，把学校的毕业实习与用人单位的试用期衔接起来，实行实习就业一体化。

二、市场就业

市场就业是指通过劳动力市场、人才交流中心和各种人才招聘会、洽谈会，以及传媒广告，收集、交流各种人才供求信息，运用市场机制，实现劳动力与用人单位之间的双向选择。市场就业是职业学校毕业生就业的重要渠道。

（一）参加招聘会、洽谈会实现就业

一般来说，各地的劳动人事部门都要定期

举办各类人才招聘会、洽谈会等，以促进人才的合理流动，同时也为大中专毕业生的就业创造机会。职业学校毕业生也应积极参加这些活动。

在招聘会、洽谈会上，求职者与用人单位的招聘人员虽然可以直接见面交谈，但由于在招聘会、洽谈会上，求职者很多，一般不可能详谈。另外，求职者还希望到用人单位实地考察，因此洽谈会上，双方一般都先达成初步意向协议，然后通过其他途径再进一步确认。用人单位为了从众多的求职者中挑选优秀的员工，一般要求求职者先报名登记，并提供详细求职书面材料，然后根据求职者的书面材料进行初选，确定面试名单。

（二）通过中介服务机构介绍实现就业

自我国实行双向选择、竞争上岗的就业制度后，各地就业服务的中介机构纷纷出现。这些中介机构一方面为求职者介绍职业，另一方面也为用人单位提供劳动力，在求职者与用人单位之间起着牵线搭桥的作用。民办的就业服务中介机构，是以收取介绍费为目的的。因此，我们既要看到它介绍就业的积极作用，也应看清某些中介机构过于追求利益的一面，以免上当受骗。政府举办的人才交流中心是从事人事关系代理与人才交流，包括大中专毕业生的就业推荐事项的中介机构。一般说来，大学毕业生比较适合通过人才交流中心求职。

（三）利用传媒广告实现就业

现代社会信息高度发达，对于职校生来说，利用传媒广告实现求职也是一条可行的渠道。

1.电话求职

电话求职是指求职者以电话为媒介实施求职的方法。电话求职既省时又经济，因此常被求职者所采用。但由于在利用电话求职过程中，交谈时间有限，又不能像面谈那样可以通过面对面的观察来评判求职者，因此电话求职一般只能是一种辅助方法。但若求职者与受话方双方互相认识，则有时会取得很好的效果。

2.书函求职与广告求职

书函求职是指求职者通过向可能用人的单位投寄求职书信与求职材料，以待用人单位的回音的求职方法。广告求职是指求职者通过张贴、报刊、广播电视发布求职广告，以求用人单位与你联系的求职方法。书函求职与广告求职是求职者单方面的愿望，因此成功率不会很高。

3.网上求职

网上求职是指求职者借助于计算机网络实现求职的方法。网上求职需要求职者掌握一定的计算机的操作知识。网络的便捷和互动为求职带来了便利。目前，不少单位都建有网站，纷纷在网上发布招聘信息。但是，网络中虚拟成分不少，网络不能代替面试。

【多沟通】
你在过去的上网中，除了游戏等外，有没有尝试过搜集信息，特别是就业信息呢？

尝试活动

利用电话、信函和网络尝试求职活动,事后谈谈运用这三种求职渠道实施求职应注意的事项。

三、其他就职渠道简介

除了学校推荐就业与市场就业两个主要渠道外,求职者还可根据本人的能力、素质与家庭条件,采用以下求职渠道实现就业。

(一) 参加用人单位招考就业

有些用人单位常向社会公开招考 (如国家各级行政机关招考公务员),选拔人才。招考信息容易从报纸、电视中获知。求职者在获得有关招考信息后,只要符合招考条件,就应勇敢地去报考。求职者一旦决定报考,则应先获取报考须知,以详细了解招考单位、职位、所需能力与素质的要求,以及考试内容等,其次是领取报名表正式报名,报名后有关部门对你的报考资格还要进行审查,审查合格后发给准考证。招考往往采用笔试与面试相结合的方法。现在招考的机会比较多,平时应在这方面多做准备、多留心,临考时就胸有成竹。

(二) 利用自己的人际关系网实现就业

一个人在社会上总有亲戚、朋友、同学、同事，他们又各自还有亲戚、朋友、同学、同事，这样就构成一个四通八达的人际关系网，求职者如果能很好地利用这个关系网，寻找一个适合自己能力与素质的职业还是可能的。值得注意的是，利用自己的人际关系网实施求职时，不能强人所难，因为人际关系网中的亲戚、朋友、同学、同事并不能帮助你实现就业，他们在你的求职过程中只起着推荐、介绍的作用。

【多沟通】
假如你要利用自己的人际关系实现就业，那么你打算怎么做？_____
_____

(三) 登门求见

求职者可以到目标就业单位找人事部门负责人或有权录用你的人谈你自己的专业与特长，你的希望与要求及就业后的设想等，以得到用人单位对你的赏识。登门求见像面试一样，一定要注意礼貌礼节，在交谈过程中既不能"王婆卖瓜"，又不能过于拘谨。

(四) 利用时机展示自己的才华

展示自己的才华既是一种能力，更是一种方法。求职者在社会活动中应不失时机地展示自己的才华，使可能用人的单位知道你是一个有用的人，甚至是一个难得的人才。展示自己的才华，关键是要把握好时机。因此，对于职校的在校生来说，应充分利用学校组织见习、实习、参观访问等各种活动的机会，展示自己的才华，为就业创造机会。

(五) 自谋职业

自谋职业是指求职者通过自身努力为自己创设就业岗位。职业学校毕业生可以根据专业特长和社会需要，在家庭的支持下，从事个体生产经营，创办私营企业，也可以自愿组织起来，自筹资金创办股份制企业，走自谋职业的道路。

(六) 延缓就业

为了提高就业竞争实力，职业学校毕业生还可以继续深造来延缓就业。继续深造就是参加"高职"、成人高校、普通高校招生考试，进入高等学校继续学习，毕业后按高等学校毕业生的就业政策就业。

四、采用多种渠道实现就业

各种求职渠道都各有特点，而这些特点是不能用好坏、高低来衡量的，关键在于求职者如何去利用。在劳动力供大于求，就业竞争十分激烈的情况下，职业学校毕业生应采用"多条腿走路，多渠道就业"的方式，争取早日实现就业。

案例思考

某校毕业的学生王某，一天在车轮渡的渡轮上看见一辆小车坏了，这时渡轮即将靠岸，驾驶员与乘车者都非常着急。王某就主动上前对驾驶员说，"让我试试"，不一会王某将车修好，驾驶员与乘车者都非常感激。乘车者问王某"你在哪个单位工作"。王说："我是×××驾驶学校刚毕业的学生"。乘车者递过一张名片，并请王某去做客。王某接过名片，乘车者竟是××集团公司总经理。这样王某就很顺利地成为××公司的小车驾驶员。王某采用了什么求职渠道？

调查本校往届毕业生的求职就业情况,并作出比较分析,然后结合自己情况,确定出毕业后求职的首选渠道与备选渠道。

姓名	性别	专业	采用的求职渠道	对获得职业岗位的满意程度
			①	
			②	
			①	
			②	

第四节　搜集就业信息

生活讨论

某职业学校毕业生廖操,一次在人才交流会上听了某公司负责招聘的小姐的非常吸引人的宣传介绍后,认为机不可失,当场与该公司签约。报到时,他被告知到公司下属的分厂工作。他走进厂区,只见低矮的厂房里工人们正在生产线上埋头干活。现实与理想的强烈反差令廖操情绪一落千丈,一种被人欺骗的感觉油然而生。从获取就业信息的角度来看,廖操求职事件给人的教训是什么?

现代社会,信息的作用已日益引起人们的重视。求职者如何及时、准确地了解和掌握就业信息,然后进行筛选并加以运用,这是有的放矢地选择职业的关键一环。获取的就业信息越广泛,求职的视野越宽阔,就业信息越有效,求职的把握性就越大。

一、就业信息的搜集方法

（一）就业信息

就业信息不仅仅是具体用人单位的用人需求信息，而且还包括国家的就业方针、政策、法规及地方性的就业政策；不同职业在国民经济和社会发展中所处的地位、作用和发展趋势；某一个用人单位的性质、人员结构、经营状况、发展前景、工作环境等等。求职者如果眼睛只盯着用人单位的需求信息，而忽视对其他信息的搜集，就难以从一个更高的角度从容地择业。

（二）就业信息的搜集方法

1.全方位搜集法。把与你的专业有关联的就业信息统统搜集起来，再按一定的标准进行整理和筛选，以备使用。这种方法的特点是：所搜集的信息量大，但较浪费时间和精力。

2.定方向搜集法。根据自己选定的职业目标和行业范围搜集相关的信息。这种搜集信息的方法以个人的目标、能力和兴趣特长为依据，当你选定的职业目标是竞争激烈的"热门"工作时，很可能给你下一步的择业带来较大困难。

3.定区域搜集法。根据个人对某个或某几个地区的偏好来搜集，而对职业目标和行业范围较少关注和选择，这是一种重地区、轻目标的信息搜集法。按这种方法收集信息，可能由于所面向地区的狭小和"地区过热"(即有较多择业者涌向该地区)而造成择业的困难。

二、搜集就业信息的渠道

(一) 通过学校就业指导机构获取就业信息

职业学校就业指导机构，作为毕业生就业的重要中介机构，与各级毕业生就业主管部门以及有关用人单位保持着经常、密切的联系。国家有关就业政策规定、地方的就业政策、各地举办求职活动的信息、有关用人单位简介材料及需求信息等，学校的就业指导机构一般都能及时掌握。学校就业指导机构除提供的就业信息在数量和质量上占有明显优势外，其指导老师还能有针对性地对毕业生开展择业求职指导，因此，这是职业学校毕业生获取就业信息的首选渠道。

(二) 通过职能部门和服务机构获取信息

政府就业职能部门和服务机构，是沟通用人单位和劳动就业的桥梁和纽带，是为劳动者提供就业服务的专门机构。职业学校毕业生可以通过他们组织的定期或不定期的人才交流会、洽谈会、大中专毕业生供需见面会等活动获取就业信息，这也是获取就业信息的重要渠道。

(三) 从传媒广告上获取信息

一些用人单位常常通过报刊、广播、电视、网络，以及张贴的广告向社会发布用人需求信息。求职者可以通过这些传媒广告获取大量的就业信息。但是从这些渠道获取的信息，由于时间、篇幅的限制，往往不够具体，还需要用其他方法进一步了解。另外，这些渠道发布的信息，往往都是要求是熟练工或是具有一定学历和职称的人员，即使是招收应届毕业生，但由于得到这些信息的人很多，求职竞争也很激烈。

(四) 利用自己的人际关系网获取信息

从家人、亲戚、朋友、同学以及他们的社会关系中也可以获得求职信息。这种信息针对性更强，通常具有毕业生所希望的行业或地区的定向性，对用人单位可以进行更具体的了解，易于双向沟通，因而就业成功率高。

(五) 利用社会实践、实习等机会获取信息

职业学校学生在校读书期间，学校会多次组织社会实践、专业实习等活动。学校开展这些活动，目的是使学生接触社会、了解社会，理论与实践相结合，学以致用。作为学生要充分利用这些机会有意识地关注实习单位的用人需求情况，为将来的就业做好准备。利用这一渠道获得的信息将是比较全面且准确的。因此，一旦在这些单位实施求职，成功率会很高。

(六) 通过电话、信件或走访等获取信息

求职者可采取向用人单位电话咨询、信函询问、登门拜访等方式获取就业信息。这要求求职者事先对某些单位的需求情况有一定的预测。这种渠道主动性强、盲目性大、成功率低。但是偶然的机遇，也有成功的可能，在缺乏就业信息的情况下，这也不失为一种获取信息的渠道。

三、就业信息的筛选和运用

在现代社会里，获取信息相对来说还是比较容易的，但一个人拥有就业信息并不等于就能顺利就业。因为信息有真伪，即使是真的，但与你的职业能力和自身素质也不一定吻合。因此，你必须对所获取的就业信息进行筛选，使它更适用。掌握就业信息的目的在于运用，否则，就业信息就毫无价值。先获取信息，再筛选信息，最后运用信息，这样才能提高求职效率。

(一) 就业信息的筛选

就业信息的获取在空间上要讲究全面性，在内容上要注意广泛性。求职者面对众多的信息，必须进行筛选。筛选的过程，就是求职者结合自身的情况，对信息去粗取精，去伪存真，有目的、有针对性地进行排列、整理和分析，使获取信息具有准确性、全面性和有效性，更好地为自己的求职服务。在筛选你所获得的就业信息时，应注意以下几点：

1.把握重点。信息的搜集要全面，但要根据

【多沟通】

一方面，就业信息通过人才市场、传媒广告等不同渠道铺天盖地；另一方面，求职者又不知道哪里要人。这是因为啥？＿＿＿＿

＿＿＿＿＿＿＿＿

你的自身条件进行筛选，以确定重点信息与一般信息。所谓重点信息与一般信息是因人而异的,一个就业信息对你来说可能是一般信息,但对另一个人来说可能就是重点信息。因此,面对浩如烟海、色彩斑斓的就业信息,要注意把握重点。

2.鉴别确认。不要以为传媒广告上得到的就业信息肯定没有问题, 因为用人单位在发布招聘信息时,有时会加以粉饰;也不要认为亲自从人才市场、劳动力市场获取的就业信息就绝对可靠,因为目前我国人才市场、劳动力市场管理体制与管理法规不健全、不完善,常有伪信息产生;各种中介服务机构有可能会鱼龙混杂,有失规范;对于亲戚、朋友告诉你的就业信息,也需要进一步确认,因为亲戚、朋友也可能从传媒广告、劳动力市场以及亲戚的亲戚、朋友的朋友那里获得, 这样经过多次的中转可能会产生很大的误差。对已获得的就业信息, 还需通过各种方法与渠道加以鉴别,以确认信息的可靠度,特别是对有疑问的重要信息, 更应寻根究底地去确认,只有这样才不会导致择业的偏差。

3.分析已获取到的信息的具体情况。比如,对某一用人单位的需求信息, 可从用人单位的要求、具体职位、工资福利待遇及企业的发展情况等作分析,然后对这一信息作出取舍。

值得注意的是, 当你筛选出对你无用的就业信息时,应及时与他人交流,做到互通有无。因为对你无用的信息,对他人可能却十分重要,你输出信息,不仅是对他人的帮助,对你来说,自然也减少了一个竞争对手,而且,你也可能从他人那里得到你有用的信息。

(二)就业信息的运用

只有得到运用的就业信息,才有价值。就业信息的运用,关键是适时,因为任何一则就业信息都是有时效的。当你认为获得的就业信息是对你适用的,那么你就应及时勇敢地去实践,否则就会出现:不是报名人选已满就是用人单位已录用他人,从而使你丧失一次良好的机遇。就业信息的选用还需灵活,因为用人单位的招聘条件不是一成不变的,在招聘过程由于受某些因素的作用,可能会发生变化。比如,一则就业信息中,要求身高、学历与你的身高或学历不相符,但其他条件你都符合,且这一职业是你所期盼的,你不妨去试一试,否则将会失去一次宝贵的机会。

在班里开展一次搜集就业信息的活动,然后大家共同交流信息的搜集方法、渠道,并根据自己的素质与能力筛选出一条最适合你求职的就业信息来。

求 职 策 划

求职策划是每一个同学都将经历的过程。在这一过程中能否准备得更充分些,信息采集更广泛些,思考分析更切合实际些,将对同学们影响很大。求职策划一般包括四个环节:

1. 自我分析,确定职业定位;

2. 分步规划,指向职业目标;

3. 权衡利弊,选择求职渠道;

4. 收集资料,筛选有效信息。

请同学们根据自己的实际,模拟进行求职的策划过程。老师可以在每个环节的最后,组织大家交流和点评。

模拟实践评价记录

评价项目		自评等级	老师点评
一	职业倾向测评		
	特点条件的自我分析		
	职业方向的选择		
二	对差距与努力的认识		
	职业目标分步规划		
三	求职渠道的选择分析		
四	就业信息的搜集		
	就业信息的筛选分析		
五	体会与小结		
实践活动综合评价			

请在每一栏中用 A、B、C 三档进行自评,并记录老师的评点。

（一）确定职业定位

1.先请做一张职业兴趣测评的量表

(1) 先测一下你感兴趣的活动

下面列举了若干种活动,请根据你的喜欢回答。如果你喜欢这种活动,请在"[1]"栏里打(√);如果不喜欢,在"[0]"栏里打(√)。回答时不必考虑你是否具备从事此活动的能力。

1.装配电器	【1】【0】	19.在户外活动	【1】【0】	37.阅读机械或电器杂志	【1】【0】 1R:___
2.看艺术展览	【1】【0】	20.为他人表演	【1】【0】	38.设计服装、招贴画等	【1】【0】 1A:___
3. 读专业图书和杂志	【1】【0】	21.在实验室做实验	【1】【0】	39.看哲学书籍	【1】【0】 1I:___
4. 请人到家里做客	【1】【0】	22.结交新朋友	【1】【0】	40.帮助别人解决问题	【1】【0】 1S:___
5.说服他人	【1】【0】	23.销售产品	【1】【0】	41.谈论政治	【1】【0】 1E:___
6. 整理好桌面和房间	【1】【0】	24.打毛线	【1】【0】	42.出门之前检查所带物品	【1】【0】 1C:___
7.组装家具	【1】【0】	25. 用机器制作/加工模型	【1】【0】	43.做木工活	【1】【0】 2R:___
8. 捕捉自然界中美的事物	【1】【0】	26.玩乐器	【1】【0】	44.看古典名著	【1】【0】 2A:___
9. 参观科技馆或博物馆	【1】【0】	27.下围棋或象棋	【1】【0】	45.做逻辑推理游戏或智力题	【1】【0】 2I:___
10.出席晚会	【1】【0】	28.和大家一起出去郊游	【1】【0】	46.做志愿者	【1】【0】 2S:___
11.制订旅游计划	【1】【0】	29.赌博	【1】【0】	47.主持会议并做决定	【1】【0】 2E:___
12.对个人收支状况做详细的记录	【1】【0】	30.填写各种表格	【1】【0】	48.对会议做记录	【1】【0】 2C:___
13. 修理自行车、电器等需要动手的活动	【1】【0】	31.制作糕点	【1】【0】	49.使用螺丝刀等工具	【1】【0】 3R:___
14.交换装束	【1】【0】	32.写诗和小说	【1】【0】	50.布置室内环境	【1】【0】 3A:___
15.长时间地考虑问题	【1】【0】	33.通过研究对事物发展做预测	【1】【0】	51.看侦探小说	【1】【0】 3I:___
16.照顾儿童或病人	【1】【0】	34.辅导别人	【1】【0】	52.为人选购礼品	【1】【0】 3S:___
17.监控与评价别人的工作	【1】【0】	35.提出新点子	【1】【0】	53.读商业或经济杂志	【1】【0】 3E:___
18.做图书卡片与整理	【1】【0】	36.写日记	【1】【0】	54.分类整理文件或记录	【1】【0】 3C:___

(2) 再测一下你所喜欢的职业

下面列举了许多职业,如果是你感兴趣的工作,请在"【1】"栏里打(√),否则在"【0】"栏里打(√)。在回答问题时不要考虑这个职业的社会地位、自身能力与教育背景等,只要根据自己的喜好即可。请务必按顺序回答全部问题。

1.飞机驾驶员	【1】【0】	19.汽车维修人员	【1】【0】	37.园艺师	【1】【0】	4R:___
2.广告创意者	【1】【0】	20.导演	【1】【0】	38.专栏作家	【1】【0】	4A:___
3.宇航科学家	【1】【0】	21.企业智囊团研究人员	【1】【0】	39.电脑编程人员	【1】【0】	4I:___
4.社区服务人员	【1】【0】	22.中小学教师	【1】【0】	40.护士	【1】【0】	4S:___
5.律师	【1】【0】	23.制片人	【1】【0】	41.公司经理	【1】【0】	4E:___
6.行政助理	【1】【0】	24.银行出纳员	【1】【0】	42.税收管理员	【1】【0】	4C:___
7.石油开采人员	【1】【0】	25.眼镜制作人员	【1】【0】	43.木工	【1】【0】	5R:___
8.摄影家	【1】【0】	26.服装设计师	【1】【0】	44.画家	【1】【0】	5A:___
9.人类学家	【1】【0】	27.数学家	【1】【0】	45.地理学家	【1】【0】	5I:___
10.婚姻介绍所工作人员	【1】【0】	28.公关人员	【1】【0】	46.儿童福利工作者	【1】【0】	5S:___
11.市场营销人员	【1】【0】	29.股票经纪人	【1】【0】	47.房地产商	【1】【0】	5E:___
12.秘书	【1】【0】	30.统计人员	【1】【0】	48.成本核算员	【1】【0】	5C:___
13.糕点制作师	【1】【0】	31.玩具制造人员	【1】【0】	49.胶卷处理人员	【1】【0】	6R:___
14.室内设计师	【1】【0】	32.节目主持人	【1】【0】	50.电影演员	【1】【0】	6A:___
15.侦探	【1】【0】	33.考古学家	【1】【0】	51.市场调研人员	【1】【0】	6I:___
16.心理咨询员	【1】【0】	34.空中服务人员	【1】【0】	52.导游	【1】【0】	6S:___
17.活动策划者	【1】【0】	35.保险代理人	【1】【0】	53.管理咨询顾问	【1】【0】	6E:___
18.图书管理员	【1】【0】	36.审计	【1】【0】	54.编辑	【1】【0】	6C:___

(3)统计和确定你的职业兴趣

将第1步和第 2 步的各个分数填写在下栏中：

1R:___	1A:___	1I:___	1S:___	1E:___	1C:___
2R:___	2A:___	2I:___	2S:___	2E:___	2C:___
3R:___	3A:___	3I:___	3S:___	3E:___	3C:___
4R:___	4A:___	4I:___	4S:___	4E:___	4C:___
5R:___	5A:___	5I:___	5S:___	5E:___	5C:___
6R:___	6A:___	6I:___	6S:___	6E:___	6C:___
R:___	A:___	I:___	S:___	E:___	C:___

请将得分最高的3种兴趣写出来：_____、_____、_____

这就是你当前的职业兴趣代码，下表是各类型职业兴趣的内涵。

类型	个性特点	职业特点	适应的职业
实际型 (R 型)	具备机械操作能力或体力,适合与机械、工具、动植物等具体事物打交道。	熟练手工和技术工作,运用手工工具或机器进行工作。	工程师、操作 X 光的技师、飞机机械师、无线电报务员、自动化技师、电工、鱼类和野生动植物专家、机械工、木工等。
研究型 (I 型)	具备从事观察评价、推理等方面活动的能力,讲究科学性。	科学研究和实验工作,研究自然界、人类社会的构成和变化。	科研人员、科技工作者、实验员、数学家、物理学家、化学家、植物学家、动物学家、科学报刊编辑、地质学家。
艺术型 (A 型)	具有艺术性的、独创性的表达和直觉能力,不喜欢硬性任务,情绪较强。	从事艺术创造。	演员、记者、诗人、画家、作曲家、编剧、舞蹈家、音乐教师、雕刻家、摄影家、室内装潢专家、服装设计师等。
社会型 (S 型)	喜欢从事与人打交道的活动,人道主义、同情心强。	通过说服、教育培训等方式帮助、教育、服务人。	外交工作者、教师、学校领导者、导游、社会福利机构工作者、社会群众团体工作者、咨询人员、思想工作者等。
经营型 (E 型)	以说服、管理、监督和领导等能力来获得政治、社会地位和经济利益。	说服、指派、领导他人干活的工作。	厂长、各级领导者、管理者、政治家、律师、推销员、批发商、零售商、调度员、广告宣传员等。
常规型 (C 型)	注重细节,讲究精确,具备记录和归档能力。	各种办公室、事务性工作。	会计员、统计员、出纳员、办公室职员、税务员、秘书、计算机操作员、打字员、成本核算员、法庭速记员等。

如果你在某一兴趣组的分数比其他兴趣组高得多，这也许意味着你对该项兴趣所对应的工作非常有兴趣。

如果你在许多兴趣组上都得了高分，这意味着你可能是个精力充沛的人，对于很多事情都很感兴趣，但也可能因为兴趣过于分散给职业选择带来了一定的困扰。

如果你每一项的分数都不太高，这说明你的兴趣比较淡漠。你应该在得分稍高的兴趣组中做进一步的探究，以发展某一兴趣。

2.了解一下自己的气质适合哪类工作

(1)自我评定

不同的职业对人有不同的气质要求。比如，对医务人员的要求是反应灵敏、耐心、细致、热情等；对运动员、驾驶员等的要求是具备机智、勇敢、敏捷、身心耐受高度紧张等品质；而对管理工作干部而言，应具有工作细致、善于与人交往、耐心不鲁莽等品质。

气质影响着一个人对某种职业的适合性。因此，在职业选择中，不仅要考虑自己的职业兴趣和职业能力，还要考虑自己的职业气质特点。如果你选择了适合自己职业气质的工作，那么你在工作中将会有更好的表现。

请你仔细阅读下面的每一个问题，如果适合你的话，就在"是"一栏中打"√"，否则就在"否"一栏中打"√"，最后把"是"一栏的回答次数相加，填入第56页的表中。

第一组   是   否

1.喜欢内容经常变化的活动或工作。   ( )( )

2.喜欢参加新颖的活动。   ( )( )

3.喜欢提出新的活动并付诸行动。   ( )( )

4.不喜欢预先对活动或工作做出明确而细致的计划。   ( )( )

5.能够很快适应新环境。   ( )( )

第二组

1.喜欢在一段时间内集中精力做一件事。   ( )( )

2.在做事情时，不喜欢受到出乎意外的干扰。   ( )( )

3.喜欢做完一件事情后,再开始做另一件事情。　　　　　（　）（　）

4.按照一个设计好的工作模式来做事情。　　　　　　　　（　）（　）

5.喜欢做有条理、重复的事情。　　　　　　　　　　　　（　）（　）

第三组

1.喜欢按别人的指示办事,自己不需要负责任。　　　　　（　）（　）

2.你在按别人的指示做事时,自己不需要考虑为什么要做

此事。　　　　　　　　　　　　　　　　　　　　　（　）（　）

3.喜欢别人来检查你的工作。　　　　　　　　　　　　　（　）（　）

4.在工作上听从指挥,不喜欢做出决定。　　　　　　　　（　）（　）

5.工作时喜欢有明确而细致的指导。　　　　　　　　　　（　）（　）

第四组

1.喜欢对自己的工作做出计划。　　　　　　　　　　　　（　）（　）

2.喜欢处理和安排突然发生的事情。　　　　　　　　　　（　）（　）

3.能对将要发生的事情负起责任。　　　　　　　　　　　（　）（　）

4.喜欢在紧急情况下果断地做出决策。　　　　　　　　　（　）（　）

5.认为自己是有信心、不依赖别人、能做出 决断的人。　　（　）（　）

第五组

1.喜欢与新朋友相识和一起工作。　　　　　　　　　　　（　）（　）

2.喜欢在几乎没有个人秘密的场所工作。　　　　　　　　（　）（　）

3.愿意与人坦诚相见、友好相处。　　　　　　　　　　　（　）（　）

4.喜欢花大量的时间来帮助别人。　　　　　　　　　　　（　）（　）

5.善于使别人按你的想法来做事情。　　　　　　　　　　（　）（　）

第六组

1.试图使别人相信你的观点。　　　　　　　　　　　　　（　）（　）

2.试图让别人去做你安排的事情。　　　　　　　　　　　（　）（　）

3.喜欢通过谈话或书信来说服别人。　　　　　　　　　　（　）（　）

4.喜欢让一些失去勇气和不幸的人振作起来。　　　　　　（　）（　）

5.试图在一场争论中获胜。　　　　　　　　　　　　　　（　）（　）

第七组

1.你能做到临危不惧吗?　　　　　　　　　　　　　　　（　）（　）

2.你能做到临场不慌吗?　　　　　　　　　　　　　　　（　）（　）

3.你能做到知难而进吗？ （ ）（ ）

4.当你因情绪激动、有可能将事情搞糟时,你能镇定自己
   的情绪吗? （ ）（ ）

5.如果由于偶然事故将摧毁机器或伤害别人时,
   你能果断地采取措施而避免严重后果吗? （ ）（ ）

第八组

1.你喜欢在尽可能地搜集了大量信息后再做出判断吗? （ ）（ ）

2.你能在解决问题的几种可能性中做出抉择吗? （ ）（ ）

3.你办事情只注重效果,不太注重原因。 （ ）（ ）

4.别人认为你是具有正确判断力的人。 （ ）（ ）

5.你喜欢根据自己的经验来判断和解决问题。 （ ）（ ）

第九组

1.你喜欢无论做什么事情都具有逻辑性。 （ ）（ ）

2.你只是相信那些被事务所证实的事情。 （ ）（ ）

3.喜欢按照规则或规律来做出决策。 （ ）（ ）

4.喜欢通过一定的测验或测量后下结论。 （ ）（ ）

5.喜欢根据明确而限定的计划来工作,以致工作没有任何
   差错。 （ ）（ ）

第十组

1.喜欢表达自己的感情。 （ ）（ ）

2.喜欢改进你的服装式样。 （ ）（ ）

3.喜欢表达或写下对一部戏剧或一本书的感想。 （ ）（ ）

4.相信自己的判断,而不喜欢模仿别人。 （ ）（ ）

5.喜欢表达你在音乐、艺术和写作方面的情感。 （ ）（ ）

第十一组

1.试图将事情完成得尽善尽美。 （ ）（ ）

2.喜欢一丝不苟地按计划办事,直至得到一个圆满的结果。 （ ）（ ）

3.喜欢花很长的时间集中于一件事情的细小问题上。 （ ）（ ）

4.善于观察事物的细节。 （ ）（ ）

5.工作严谨、细致而努力。 （ ）（ ）

(2)数据统计与解释

根据对每组问题回答"是"的总次数,填下表。

组	回答"是"的总次数	相应的职业气质类型
第一组	（　）	变化型
第二组	（　）	重复型
第三组	（　）	服从型
第四组	（　）	独立型
第五组	（　）	协作型
第六组	（　）	劝服型
第七组	（　）	机智型
第八组	（　）	经验决策型
第九组	（　）	事实决策型
第十组	（　）	自我表现型
第十一组	（　）	严谨型

各种职业气质类型的特点及相应的职业:

1.变化型

这些人在新的、意外的活动或工作情景中感到愉快,他们喜欢工作内容经常有些变化,在有压力的情况下他们工作得仍很出色。他们追求多样化的工作,他们善于将注意力从一件事情转到另一件事情上。典型的职业诸如记者、推销员、演员、消防员等等。

2.重复型

这些人适合连续不停地从事同样的工作,他们喜欢按照一个机械的或别人安排好的计划或进度办事,爱好重复、有规则、有标准的工种。典型的职业诸如纺织工、印刷工、装配工、机床工等。

3.服从型

这些人喜欢按别人的指示办事,他们不愿自己独立做出决策,而喜欢让他人对自己的工作负起责任。典型的职业如秘书、办公室职员、翻译人员等等。

4.独立型

这些人喜欢计划自己的活动和指导别人的活动,他们在独立的和负有职责的工作情况中感到愉快,喜欢对将来发生的事情做出决定。典型的职业如管理人员、律师、警察、侦察人员等等。

5.协作型

这些人在与人协同工作时感到愉快,他们善于让别人按他们的意愿来办事,他们想得到同事们的喜欢。典型的职业如社会工作者、咨询人员等等。

6.劝服型

这些人喜欢设法让别人同意他们的观点,一般通过谈话或写作来达到,他们对于别人的反应有较强的判断力,且善于影响他人的态度、观点和判断。典型的职业如政治辅导员、行政人员、宣传工作者、作家等等。

7.机智型

这些人在紧张和危险的情境下能很好地执行任务,他们在危险的状况下能自我控制和镇定自如,能在意外的情境中工作得很出色,当事情出了差错时,他们不易慌乱。典型的职业如飞行员、公安员、消防员、救生员、潜水员、驾驶员等等。

8.经验决策型

这些人喜欢根据自己的经验做出判断,当别人犹豫不决时,他们能当机立断做出决定,他们喜欢处理那些能直接经历或能直觉感到的事情,必要时他们会用经验和直觉来解决问题。典型的职业如采购、供应、批发、推销、个体摊贩等人员。

9.事实决策型

这些人喜欢根据事实来做出决策,他们会根据充分的证据下结论,他们喜欢使用调查、测验、统计数据来说明问题,从而引出结论。典型的职业如自然科学研究者、化验员、检验员等等。

10.自我表现型

这些人喜欢表现自己的爱好和个性的工作情境,他们根据自己的感情来做出选择,他们喜欢通过自己的工作来表达自己的理想。典型的职业如演员、诗人、音乐家、画家等等。

11.严谨型

这些人喜欢注重细节的情确,他们按一套规则和步骤将工作尽可能做得完美,他们倾向于严格、认真的工作,以便能看到自己按质、按量、保质、保量地完成工作。典型的职业如会计、记账员、出纳员、统计员、校对员、档案管理员、打字员等等。

(3)确定你的职业气质类型

A. 选择"是"次数达 5 次的相应职业气质类型:

　(　　) (　　) (　　) (　　)

　选择"是"次数达 4 次的相应职业气质类型:

　(　　) (　　) (　　) (　　)

　选择"是"次数达 3 次的相应职业气质类型:

　(　　) (　　) (　　) (　　)

B. 选择"否"次数达 5 次的相应职业气质类型:

　(　　) (　　) (　　) (　　)

　选择"否"次数达 4 次的相应职业气质类型:

　(　　) (　　) (　　) (　　)

　选择"否"次数达 3 次的相应职业气质类型:

　(　　) (　　) (　　) (　　)

　3.我希望自己未来的职业符合以下要求:

(1)＿＿＿＿＿＿＿＿＿＿＿＿＿＿＿＿＿＿＿＿＿＿＿＿＿

(2)＿＿＿＿＿＿＿＿＿＿＿＿＿＿＿＿＿＿＿＿＿＿＿＿＿

(3)＿＿＿＿＿＿＿＿＿＿＿＿＿＿＿＿＿＿＿＿＿＿＿＿＿

与这些要求接近的职业方向有(自己能够接受的,写五条左右)

＿＿＿＿＿＿＿＿＿＿＿＿＿＿＿＿＿＿＿＿＿＿＿＿＿＿＿

4.结合自己,参考测评分析上述职业方向的可行性。

自己目前已基本具备条件的有 _____

还需一定努力,才可能达到的有 _____

5.初步确定自己的职业方向为 _____

(二) 规划职业目标

1.对照前面确定的职业方向的要求,评估一下自己的能力。

自己已经具备的条件和能力 _____

_____

尚需进一步努力提高的能力 _____

_____

目前还是空白,要抓紧锻炼的能力 _____

_____

2.根据可行性分析,将职业目标分解成几个阶段,以便通过努力逐步实现。

第1阶段 分目标1_____

　　　　困难分析 _____

　　　　我的措施 _____

第2阶段 分目标2 _____

　　　　困难分析 _____

　　　　我的措施 _____

第3阶段 分目标3_____

　　　　困难分析 _____

　　　　我的措施 _____

第4阶段 分目标4_____

　　　　困难分析 _____

　　　　我的措施 _____

3.与同学们交流,大家的建议还有 _____

_____

_____

_____

(三) 选择求职渠道

根据职业目标的特点和自身条件,实事求是地分析以下各种求职渠道的利弊,然后选定适合自己的求职渠道。

我的求职首选渠道是 _____

求职渠道	有利条件
由学校推荐就业	
通过招聘会、洽谈会实现就业	
由中介机构介绍就业	
利用传媒广告实现就业	
利用人际关系帮助就业	
尝试创业	
延缓就业	
其他	

备选的求职渠道是 _____

(四) 搜集和筛选就业信息

主动去搜集有关自己职业方向的就业信息。

1.我共收集到 ___ 条信息。分别来自:

电视广告 _____;报刊广告 _____;街头广告 _____;其他广告 _____;

电话咨询 _____ 信函咨询 _____ 走访咨询 _____ 其他咨询 _____;

老师 _____ 家长 _____ 其他亲戚 _____ 同学 _____

其他渠道: _____

2.感受一下这些信息的可信度与可利用价值。

可信的信息约占_____%;有一定利用价值的信息约占_____%。

3.把你认为的重点信息摘录出来,并进行简要分析。

(1)_____

_____

(2)_____

_____

(3)_____

_____

(五) 小结

请根据自己确定的目标,结合自己搜集到的有价值的信息,就以下三个问题写一篇体会文章 (或选一个方面写一篇), 在班上交流。

1.我们的机会。

2.我们的差距。

3.社会调查之后的体验。

第三章

掌握求职技巧

对于大家来说，了解一定的求职常识，
掌握必要的方法和技巧，不仅是今天
的必需，也是明天的必要。

1.学习求职信的写作技巧,掌握求职推荐表的填写方法。

2.了解笔试的种类,掌握笔试技巧。

3.了解面试的基本形式,掌握面试技巧。

4.了解电话求职、网上求职的注意事项。

第一节 求职材料的制作

提起求职信、应聘信,职业学校学生有两种截然不同的观点:一种观点认为求职信、应聘信是交给用人单位的见面礼,要认真写,把自己的特长和优点充分放大,好好包装一番;另一种观点认为要实事求是,录用与否全凭实力,没有必要在求职材料上花太多功夫。

求职书面材料包括求职信(应聘信)、推荐表或履历表及附件(有关证明材料)。求职书面材料是求职者向用人单位介绍自我、推荐自我的书面材料,是求职者与用人单位的第一次接触。成功的求职者,总是在求职书面材料上下了不少功夫,以获得求职成功的机会。

一、求职信和应聘信的写作

求职信是在不知道用人单位是否需要聘用人的情况下,向目标单位介绍自己的基本情况,表明择业意向的一种书信。

应聘信是在获知用人单位招聘信息的情况下,有针对性地向目标单位陈述自己的求职意愿,展示自己履行职责条件等的书信。

求职信、应聘信的写作前提不同,但写作格式是大致相同的,写作内容也大同小异。下面以应聘信为例说明它们的写作方法。

(一) 应聘信的结构

应聘信的结构一般由称呼、开头语、主体、结束语、祝颂语、落款、附注七部分组成,具体内容为:

1.称呼

称呼要顶格写。应聘信息若是寄给用人单位,称呼则直接写明有关单位名称即可;若是寄给有关单位的领导,则习惯写法是姓加职衔或官衔。现在大部分人既有职衔又有官衔,一般以其高者尊者称呼。

2.开头语

它的作用主要是吸引人注意,一是吸引对方能看完你的材料,二是引导对方自然进入你的正题而不感到突然。开头语主要有以下几种形式:

(1)应征信式开头。说出你是从什么地方看

到目标单位的招聘广告，并肯定自己能满足招聘广告中提出的各项要求。

"在××年××月××日的××杂志上，我获知贵公司正在招聘××一职，今寄上简历敬请斟酌。"

"我在××网上看到了贵单位的招聘广告，现有意应聘××一职，我学习××专业已有×年了，一直期望着有机会加盟贵公司。"

"近日欣闻贵单位正在招聘××，一位贵公司的资深客户推荐我前来应聘此职位。"

(2)提问式开头。针对目标单位的困难、需要和目标提出一个设问，然后表明你真诚地希望能帮助他们克服困难，满足需要，实现目标。

(3)赞扬式开头。赞扬目标单位近期取得的显著成绩或发生的重大变化，然后表明你渴望为其效力。

(4)概述性开头。用一句话概括你具备的任职资格和工作能力，并简要说明这些资格和能力能满足工作需要的理由。

(5)个性化开头。从你与求职目标有关的兴趣、看法和与目标单位已有的接触以及你目前的工作状况说起，谈自己到该单位工作的设想。

3.主体

主体部分是应聘信的重点，要简洁而有针对性地概述自己的简历与自己的特点。要突出特点，使对方察觉自己的各方面情况与招聘条件一致，以及与有关职位要求的相吻合。具体内容主要有以下三个方面：

(1)对你所申请职位的描述和界定,并表示兴趣。

用人单位一般会在广告中注明招聘条件,但你不应只将公司列出的条件作简单重复,而应从自身出发阐述对应聘岗位的理解,这样可以让对方感觉到尽管你刚迈出校门,但却具有一定的职业素质与潜力,与同龄人相比似乎更成熟,更适合从事该工作,而且还对他们的公司十分了解。

(2)对你符合该职位的条件、优势进行概括。

用人单位总是会关注有相关知识背景和实践经历的人,因为他们都想知道你能为公司做些什么,这也是应聘信抓住对方"眼球"的关键。具体包括:

①你为这项目标工作做了哪些教育准备。

②你受过什么专业训练,有什么工作经验。

③以事实证明你具有学习敏捷、工作勤奋、责任心强、易于合作的个人素质。

④举例说明你具有对做好目标工作有利的其他良好品质和工作态度。

⑤提供你在学业上和工作中取得的重要成就,来证明你所说的资格和能力。

⑥个人的兴趣和爱好。

(3)提示说明你在应聘信后的有关附件。

4.结束语

结束语中要把自己渴望得到工作的迫切心情表达出来,并表示对阅读者的感谢以及祝福。态度要自然诚恳、不卑不亢,婉转地表达自己对希望得到面试机会的渴望。

5.祝颂语

祝颂语一般通用的有"此致"、"敬礼"等,还可根据具体情况来选用, 如时令可用 "敬颂"、"春安"(春季用)等。祝颂语的"此致"、"敬颂"等,要另起一行前空两格。"敬礼"、"春安"等,应紧接着另起一行顶格写。

6.落款

在祝颂语右下方写上姓名和日期。

7.附注

标明联系电话、地址等,以便对方联系。

(二) 应聘信写作的要点

一份好的应聘信必须充满人情味, 必须简明扼要,重点写好两大部分:第一是在对应聘公司的状况、老总的个性和喜好做出认真调查和了解的基础上,对应聘公司提出优、缺点,说明你能为公司做的事, 对公司的建议及自己的个人抱负; 第二是稍微介绍一下自己的背景和特长。如果你要应聘的是一家广告公司,应聘信就要充分展示自己的创意和个性, 因为这是广告公司所关注的。

应聘信的写作并不复杂, 在写作中应注意以下方面:

(1)不宜太长。哈佛人力资源研究所在1992年就有一份经典的测试报告, 数据显示一封求职信如果内容超过400个单词,其中有效度只有25%,即只会给阅读者留下1/4的印象。所以自荐信越简洁精炼,越能吸引对方。有的学生担心应聘信写短了没有分量，不足以证明自己的实力。但是招聘人员往往不会读完这样的自荐，而是匆匆扫过第一页就不再翻看第二页。

(2) 切忌花哨。人事经理对于装帧得犹如"写真集"的简历,第一是没时间看,第二可能会认为这样的学生太花哨、不可靠,不能用"真才实学"来包装自己。所以,建议应聘材料上只要贴上近期的报名照,用打印机打印出来即可。如果在装帧上花过多的功夫,反会让人觉得自己是个毫无自信的人。也有的人事经理认为精美包装有时确实会给用人单位留下较好的印象,使用人单位对学生的期望值不断增高。但面试时,如果学生与照片上的形象相差很多,那么,这种掺有欺骗因素的做法反而会给用人单位留下很坏的印象。

(3)不要千篇一律。有的人为了省力,把一份简历复印了一大叠,然后不管应聘什么岗位就投寄一份,这样的做法表面上看很方便,但却为自己今后的成功带来了很大障碍。可以肯定地说,这样一份没有针对性的简历,根本不会赢得面试机会。也有一些求职信的内容非常模式化:哪年哪所学校毕业,健康状况佳,喜欢爬山、听音乐……一路写下去,都是一些与应征单位无关痛痒的内容。这种让人看了头疼的求职信是很难打动人而被录用的。

(4)不要"注水"。诚实是简历最基本的要求。诚实的记录和描述,能够使阅读者首先对

用人单位并不会理会你长篇累牍的"心路历程",他们要的是你的学历和能力证明,而不是拖泥带水的自我介绍。

你产生信任感，而企业对于求职者最基本的要求就是诚实。阅历丰富的人事经理都是一些"老法师"，对简历有敏锐的分析能力，遮遮掩掩或夸大其词总会露出破绽，何况还有面试的考验呢。

(5)不要自高自大。不少毕业生在应聘信中常常以自我为中心，而对应征单位只字不提。有的学生以为，只要学习成绩好，便是一个够格称职的候选人。实际上许多用人单位看重的，不但要品学兼优，而且要有多方面的经验和才能。

(6)"推销"勿过度。写自荐信要"适度推销"，绝不可夸大其词，应避免使用"肯定"、"最好"、"第一"、"绝对"、"保证"等词，似乎人家不录用你，就会遭受不可弥补的损失。

(7)不要过于谦虚。谦虚虽然是美德，可是在写应聘信时谦虚往往对求职不利。应聘者可在信中回避个人的弱点，强调自己的长处。如果你不可避免要在信中说明你的缺点，亦没有必要过于直接。

(8)避免出错。求职信中千万不能出现错别字，就算你是众多应聘者中最为优秀的人选，但一个错别字可能就会使你与理想的工作失之交臂。此外，在求职信中一定要留下联系方式。

(9)勿用简写。人们大多习惯在谈话中简称自己的学校、专业，但在书写简历中应避免这样的做法。一来简写词语显得过于随便、不够庄重；二是一些简称只能在特定区域、特定交往范围中才能被准确理解，超出这一范围，人们可能

【多沟通】

"我绝对是应聘者中最好的，是你们的最佳人选，我具备很强的组织能力与专业知识，选择我就是选择成功！"

这样的自荐合适吗？

_____

问题何在？_____

_____

会产生误解。

(10)避免术语。避免在自荐中过多地使用专业术语，因为第一个看简历的人通常会是人事部的工作人员，他们要为公司许多岗位挑选人才，不可能对所有专业或术语都很了解。

另外，写应聘信还要注意：

(1)格式要正确，字迹要端正(如果你的字写得不好，可请人代笔或打印)。

(2)文句要通顺，语法标点力求准确无误。

(3)书写的内容针对性要强，重点突出。

(4)层次要分明，篇幅要适度。

总之，应聘信应体现出自己的特色，要以自己的方式来赢得招聘者的青睐。

【应聘信实例1】

xx公司经理：

你好！我是xx中等职业技术学校的应届毕业生，希望到贵公司工作，以发挥自己的专长。

我学的专业是市场营销。从我的附件中您可以看到，我以比较出色的成绩完成了各科学业，并多次受到学校的表彰。我的一篇文章《xxxx》，还曾获全国职业学校学生优秀作文二等奖。

据了解，贵公司十分重视人才，办事效率高，人际关系融洽，去年下半年在贵公司实习期间，我也深深地感受到了这一点。我想，对于一个青年人的成长，和谐的工作环境，将是何等的重要。

当然，我也深知贵公司对员工要求都非常高，成为公司的一员并不容易，但我决心试一试。在三年的学校生活中，我不但重视课堂上、书本上的学习，而且还非常注意在实践中锻炼自己，已基本具备了一个营销员应该有的素质和能力。望贵公司能给我一个公平竞争的机会。

期待您能给我一个答复。

此致
敬礼

××中等职业技术学校　×××

××年×月×日

【应聘信实例2】

尊敬的××××公司领导：

你好！

在本月××号的《××××》杂志上，我看到了贵单位的招聘启事，觉得其中的××一职自己很适合，因为这就是我所学的专业。通过三年的学习，我已积累了一定的专业知识，故给您写来了自荐信。

在学校期间，我系统学习了××专业课程(主要课程为：×××、×××、×××)，而且各门课目的成绩均为××，屡获学校奖学金。此外，我还利用业余时间取得了"全国××××证书"，因而对于××这一工作很为熟悉。我认为，××工作在公司中起着不可或缺的作用，其一般的工作职责为××、××、××、……其中××是这一系列工作中最为重要的一环……

读书期间，我还到一些相关公司实习过，××年×月，我曾在×××××公司××部实习；××年×月，又在××××公司××处实习。虽然我知道实习经历与实际的工作经验不可同日而语，但实习让我有了将课堂上的理论知识与实践相结合的机会，这样的机会使我的知识得到了巩固，也让我更加热爱自己的专业。由于我的实习表现，××××公司还让我参与了××项目组，我主要的工作范围为××。实习结束后，××××公司为我写了份"鉴定"，他们认为我在这一领域很有发展潜质("实习鉴定"请见附件)。

面临毕业，我希望自己能走好这踏入社会的第一步，因此我把贵单位作为长远发展、努力回报的地方。我非常希望能凭自己的实力取得您的信任，热切盼望着你的回音！

此致
敬礼！

自荐人：××职业技术学校　×××

××年××月××日

【应聘信实例3】

罗总:

您的时间很紧,但希望您能看完这封信。

我是一名历经坎坷,尝过酸甜苦辣的人。因为敢于冒险,而品味过成功的丰硕果实,也体验过触礁的震荡与失落。但是,这一切却锤炼了我的成熟与胆识!

欣闻贵公司招兵选将,我决意加盟以尽绵薄之力。因为我不仅了解公司的过去与现在,更折服罗总的才干与胆识。

良禽择木而栖,士为知己者"容"。当公司需要宣传、誊写文书时,也许可以提笔"滥竽充数";当您为了提高办事效率而自己驾车的时候,也许我可能助疲惫的您一臂之力;当公司为法律事务而引起纠纷,又因为业务繁多而难于应付的时候,我可以用所学的法律知识,雄辩于公堂,竭力为公司分担忧愁、挽回损失……

"实践出真知,努力长才干"。罗总,希望能有一个机会,成为我的一个良好开端。我期待着好消息。

此致

敬礼

自荐人:×××

××年×月×日

(三) 应聘信的寄发

应聘信在寄出之前,首先要对下列项目进行一一检查,这将会助你成功:

1.信封是否标准,地址与落款是否清楚;

2.收信人的姓名、职位和称呼是否正确;

3.是否注明自己的联系地址与联系方法;

4.是否说明附有其他材料;

5.是否留有副本以供面试时参考;

6.是否记下了发信日期,以便及时询问。

在发出求职信后没有回音时，你也可以登门造访。假如你真的喜欢这份工作，这份工作也非常适合你，你可以先电话联系约定，试着去拜见负责人，这样更能打动招聘人的心。如果老总很忙，无法见面，你可以不请自到，"厚着脸皮"在办公室门口等他的空当。表面上看起来这样很不礼貌，可是会给人一种积极负责的印象，有的老总可能会欣赏这种冲劲，欣赏你对工作的态度与向往，而决定录用。

根据下面给出的几则招聘启事，结合自身实际，写一份应聘信。

招聘启事

　　本公司是专业生产轴承厂家，因生产发展需要，特向社会招聘磨床工10名，组装工10名。要求应聘者思想高尚，身体健康，能吃苦耐劳，学历高中以上，年龄在18~30周岁。应聘者自见报一周内，先将个人简历、学历证明等材料寄我公司人才资源部，经初选合格即通知应聘者来我公司面谈。

　　公司地址：××××××××

　　邮　编：××××××

　　联系电话：(××××)—×××××××

　　联　系　人：杨先生　丁小姐

××××公司

××年×月×日

（这类招聘启事一般刊登在报纸第四版。）

招聘广告

　　××宾馆诚聘,楼层服务员、餐厅服务员、收银员、PA等,地址××路××号,电话××××。

　　（这类广告简短,一般刊登于报纸中缝或专门的广告版。）

××××公司招聘广告

　　××××公司始创于1990年10月,是全国抗结核原料药及中间体生产基地,产品畅销全国20多个省市,并出口东南亚及西欧等地。

　　厂区环境优美,交通便捷。现公司拥有固定资产5800万元,占地面积12600平方米,建筑面积52000平方米。固定员工485人,其中具有中高级职称的技术人员52人。

　　几年来,本公司开发产品以"高科技、高质量"为宗旨,使企业不断发展壮大。1998年拥有自营进出口权,2000年销售额达到9000余万元。企业连续几年获"省十佳经济效益企业"、"省重点私营企业"、"银行AAA级信用企业"等多项荣誉,已被列入市"153"工程企业和市"131"工程企业。

　　现因企业发展需要,特向社会招聘:

　　一、医药化工专业20人,要求男性,中专以上学历。

　　二、医药分析专业5人,大专以上学历,男女不限。

　　三、国际贸易专业2人,大专以上学历,40岁以下。

　　以上岗位有工作经验者优先考虑。应聘者经本厂考核面试录用者,试用期为3个月,试用期发给生活费500元/月,试用合格者,待遇从优。

　　干今天事业,创明天辉煌!公司董事长、总经理×××携全体员工热忱欢迎广大有识之士加盟××××公司,共创我们美好的未来。

　　公司地址:×××××××

　　邮　　编:××××××

　　联 系 人:尹先生　孙小姐

　　电　　话:××××××

　　传　　真:××××××

　　（这类招聘广告比较详尽,一般在街道公告栏上张贴或在人才招聘会上散发。）

二、《求职推荐表》的格式与填写

毕业生求职推荐表是由学校统一制作并发给学生填写的一种求职书面材料。毕业生持求职推荐表求职或应聘，用人单位可通过该表概括地了解求职者的基本情况。鉴于用人单位对学校的信任，往往认为此表有较大的可靠性和权威性，因此容易得到认可。对于由学校推荐就业的毕业生来说，有时通过推荐表就可获得求职成功。

（一）毕业生求职推荐表的格式

毕业生求职推荐表是以表格形式介绍毕业生各方面的情况。内容包括：①基本情况（姓名、年龄、性别、身高、视力、政治面貌、兴趣特长、照片、通信地址、邮编、联系电话等）；②学习与工作的简历；③家庭成员及主要社会关系的姓名、职业；④毕业生在校的任职及奖惩情况（应附上证明材料复印件）；⑤毕业生在校学习成绩；⑥学生自我介绍（自我鉴定）；⑦学校推荐意见（学校鉴定）等。

（二）毕业生自我介绍的书写

毕业生自我介绍是毕业生向用人单位自我推荐的一篇短文，涉及的内容除了在校学习工作、生活等方面情况外，还应包括自己的人生价值观、职业观以及适应某种职业所具备的能力及素质等。

值得注意的是自我介绍与学习总结、学期总结不同，它的阅读对象不再是老师、同学，而

是用人单位的领导或工作人员，因此在用语上
要考虑阅读对象及预期达到的目的。

【自我介绍实例1】

　　我叫×××，1981年出生，汉族，团员。现就读于××××中等职业技术学校电子专业，即将毕业。在校期间我系统地学习了以下课程：电工基础、电气控制、电子线路、家用电器的维护与修理、电子工艺等，学习成绩优良。平时关心班级集体，同学关系和睦，上进心强，是老师与同学公认的好学生。本人愿到贵公司从一线生产工人做起，希望贵公司能给我就业的机会。

　　【点评】看了这一份自我介绍后，使人感到前面部分像"判决书"，后面部分像老师对学生的学期鉴定，作者忽略了阅读对象是用人单位人事部门的领导。另外前面部分的介绍与推荐表中的简历是相同，在校学习的课程与成绩，在推荐表中学校会详细提供的，这些没有必要重复。

【自我介绍实例2】

　　我1982年出生在一个偏僻的小山村。在我8岁的那年，父亲病故，是勤劳的母亲供我上学。因此，我从小养成了吃苦耐劳、生活简朴的习惯。我知道母亲供我与弟弟上学不容易，所以在校学习认真，工作积极，从而赢得了老师与同学的好评。本学年我担任班级团支部宣传委员，在任职期间，我认真出好每期黑板报，在校黑板报评比中多次获奖。性格开朗的我与同学关系融洽，是老师的好帮手，同学的好伙伴。在校近三年，由于我学习用功，先后获得了电脑二级证书、钳工与电工初级上岗证书。若贵公司能给我一次就业机会，我相信自己会努力做好每一件事，不辜负公司领导厚望。

　　【点评】这份自我介绍相对于上一份来说要好得多，这一份自我介绍中介绍的"出生在小山村，吃苦耐劳"，以及后面表明的就业后的工作态度"努力做好每一件事"，这些正是用人单位在招聘员工时所期盼的。

　　写自我介绍要根据招聘单位岗位的不同而书写，不能一成不变。应尽量写出自己的特长与优点，像介绍中说到"在校出黑板报获奖"假如该企业正缺少出黑板报的人员，即使招聘广告中没明确提出，招聘者也会优先考虑的。

三、履历表的制作

履历表与推荐表一样是求职者重要的书面材料,它与推荐表有所不同,推荐表由学校统一制作,而履历表需由求职者自己制作,因此它没有固定的格式,一般包括:①基本情况(姓名、性别、学历、政治面貌、身体情况、婚姻状况、兴趣、爱好、特长、照片等);②家庭及主要社会关系情况;③教育背景;④社会活动和社会实践情况;⑤技能及特长。

履历表是没有组织推荐的自制表格,因此在写作时,应着重突出过去的成绩,并附上有关证明材料的复印件,以引起用人单位的关注。当然突出过去的成绩,应建立在实事求是的基础上,否则就会失去机会。

对经历比较复杂的求职者,一份履历表往往是不可能全面描述自己,因此最好将适合不同工作的履历材料存档备用,当发现某一机会时,选择相应的材料去应聘。

四、求职书面材料附件的内容

为了说明求职信、推荐表或履历表上你所具备的能力或取得的成绩,还应向用人单位提供一些证明材料,这就是求职信、推荐表或履历表的附件。附件包括:①学历证明;②立功受奖证明;③交流或发表过的文章以及著作等;④科研成果、发明专利证书等;⑤社会名流、专家、导师的推荐信等。

履 历 表

贴
照
片
处

一、个人基本情况

姓名：×××　　　　　　　　　应聘岗位：×××

性别：×　　　　　　　　　　　出生年月：××年×月×日

政治面貌：××　　　　　　　　学历：××

毕业学校：××××　　　　　　专业：××××

联系住址：××××××　　　　邮编：××××

联系电话：×××××　　　　　电子邮件：×××××

二、教育背景

1.××年~××年　　　××学校×××专业学习

主修课程：××、×××、×××××

辅修课程：××、×××、×××××

选修课程：××、×××、×××××（可酌情增减）

2.××年~××年　　　参加×××培训　获得"全国×××证书"

三、社会活动、实践

1.××年×月~××年×月　　　担任×××　组织过××、×、××活动,获得"××××称号"

2.××年×月~××年×月　　　×××公司××处实习　主要工作内容：××××,能熟练进行××××。

3.××年×月~××年×月　　　×××公司××部实习　参与××项目组,负责　××　工作。

（注：此处是履历中的重要部分,可根据应聘岗位挑选相关的实践经历,有选择地着重叙述,若有实践证明材料,可在此注明"实践证明请见附件"。）

四、技能及特长

1.专业技能：×级,获得　××　、××证书……

2.计算机：获得××证书,能熟练运用××软件,擅长×××

3.语言表达能力：曾在报刊上发表过文章,有较强的文字组织能力……

4.特长：×××

5.个性特点：（请描述出自己的个性、工作态度、自我评价等）

值得注意的有：①向用人单位提供的附件只能是复印件，原件应妥为保管；②要根据实际情况，选择有代表性、最能说明问题的材料，不一定每次都全部附上。

不过，在劳动力供大于求、就业竞争日趋激烈的今天，求职往往很难一次成功，即使由学校推荐的毕业生也是如此。因此，求职书面材料应当准备多份，以利于下次求职。求职书面材料在一定程度上能直接反映求职者的某些技能，因此写好求职书面材料不能靠临阵磨枪，只有平时刻苦学习，勤于练习，才能写出一份富有竞争力的书面材料。

尝试活动

　　给自己制作一份完整的求职材料，然后在班级里交流，老师选择几份典型的材料，进行点评。

第二节　通讯求职

生活讨论

　　课后，同学们在讨论如何打求职电话。大家你一言，我一语，谁也不能说服对方。

为了节省时间,增加面试机会,电话求职与网上求职(统称为通讯求职)已成为非常流行的求职方式。通讯求职一般来说只是求职的辅助方式,它重要的功能就是争取面试的机会。

一、打电话前要做好准备

1.准备好通话的内容,尤其是弄清楚打电话的目的与意义,弄清楚想要告诉对方什么事,以及整理一下思路,先说什么,后说什么,重点说什么,怎样才能让对方明白。作为求职的一种方式,打电话的根本目的就是争取面试机会,一切都要围绕这个中心。因此,你应当清楚要告诉他那些有吸引力的信息,预期的结果可能是什么,自己可能会碰到些什么阻碍,怎样处理意外事件,如何提出与对方会面的要求,等等。

2.手头上准备一些必要的求职材料,以便准确回答对方的提问。

3.如果估计通话时间较长,应该事先去个电话预约一下。

4.准备好笔和纸,做必要的记录。

5.确认一下对方的电话号码,单位名称,所属部门,职位,姓名等。

二、电话求职的注意事项

1.选择受话工具。电话有固定电话与移动电话,一般打求职电话应选择固定电话。

2.选择好通话时间。一般不要在下班时间往招聘人员家里打求职电话,因为大部分人不喜欢在家里接工作电话，更不可在早上7:00以前、午休时间或深夜时间打电话。一般应选择上班中间时间打，可以在刚上班时，但一般不可以在临近下班时打电话。否则可能会影响对方的情绪，影响通话效果。

3.电话接通后主动报出自己的姓名和所在单位，迅速说明通话缘由，使对方尽早明白，节省时间。

4.注意语言、语调和语气，要表现出令人愉悦的气质，要热情，坚定，自信。

5.吐字要清楚；音量要适中，以对方听清楚为准；不要过分客套，不要含糊其辞。

6.所谈之事一定要有条理，按事先拟好的纲要逐条讲述。

7.不要漫不经心，心不在焉，或过分紧张，不知所措，不要答非所问，让对方不耐烦。

8.临近结束时，一定要不失时机地礼貌地提出让对方安排面谈的愿望和请求，如果对方答应了，一定要记清楚时间、地点、要准备的材料等事项。

9.通话结束时要道别，诚挚地表示感谢，静候对方挂断电话。如果对方出于尊重，等你先挂电话，那么，一二秒后，你可以轻轻挂上电话。

三、网上求职的注意事项

1.要分辨网上招聘单位的真伪。网络是个虚拟的世界，网上金子和泥沙混杂。网上应聘首先要搞清楚招聘单位所发布信息的真假，如

有单位地址、电话号码的,最好事先试探一下虚实,如属中介机构,要防止上当受骗。

2.网上求职,需要求职者掌握一定的计算机操作技术,否则会影响求职效果。

3.回答问题时不要因为看不见对方而漫不经心,要逐字逐句领会招聘者的问题,做到不卑不亢,字里行间透出热情、坚定、自信。

4.要抓住时机,礼貌地提出让对方安排面谈的要求。

5.若对方同意面试,则要将面试的时间、地点及要准备的材料等内容下载。

到报纸、杂志、网络等新闻媒体上找一些招聘广告,寻找适合自己的工作岗位,然后尝试进行电话求职与网上求职。活动后开展交流、讨论。

第三节 笔试

陈君和张行报名参加了xx公司招聘考试。陈君去书店购买了"求职考试问题集"作为参考。张行不以为然,他说,笔试全靠平时在校期间的积累,临时抱佛脚是没有用的。室友听了,觉得他俩都有道理,但好像又不完全正确,你认为呢?

临时抱佛脚呵

笔试主要适用于应试人数较多、需要考核的知识面较广或需要重点考核文字能力的情况。如：一些竞争激烈的行业，通过笔试进行"差距筛选"，在笔试的基础上再进行面试。国家机关选聘公务员往往也采用笔试加面试的考核形式。笔试对于职业学校学生来说并不陌生，但应注意求职过程中的笔试与学科考试的差异。

一、笔试的种类

（一）专业知识测试

大中专毕业生的毕业证书及其成绩单，可以说明其知识结构和知识水平，从中可以大致了解到求职者知识能力的基本情况，用人单位一般都不再笔试。但有些用人单位要求所录用的人在某些方面上有较高的水准，故要对求职者进行部分学科的文化知识测试。如：文秘工作要测试应用文种的写作；医务卫生工作者要考核医学、药学的某些常规知识及临床知识和基本诊疗技术等；外贸、外资企业招聘员工还要考核外语等。

（二）职业心理测试

职业心理测试是用事先编制好的标准化量表或问卷，判断求职者职业心理水平或个体差异的方法。有些用人单位常常以此来测试求职者的态度、兴趣、动机、智力、个性等心理素质，然后根据对人才的要求，决定取舍。

通过职业心理测试选聘工作人员的直接原因，在于它可以降低特殊行业员工的淘汰率和训练成本，便于用人单位量"材"录用员工，量

【多沟通】

企业为何要通过职业心理测试选聘员工？你属于哪种性格的人？你估计自己适合哪些工作？

_____

_____

"材"配置员工,从而达到人尽其才、事得其人、人司其职,提高工作效率的目的。

职业心理测试得到广泛使用的原因,在于个体的心理素质与职业(工种)之间有着密切的联系。在一般工作中,个体差异对其影响不大,可采取一般综合的知识测试来选拔聘用人员。如:让沉默寡言的人来从事交际工作(教师、公关、秘书等),就显然不恰当;让反应迟钝、优柔寡断、急躁而又临阵紧张的人从事要求思维敏捷、判断准确、性格果断又沉稳的交通调度工作,必然会影响工作效率,甚至会酿成大祸。这些人也会因为择业不当、工作不顺或者频繁失误,而产生焦虑、失望的情绪。所以,对特殊职业进行心理测试,无论是对个人,还是对单位都是非常必要的。

(三) 综合知识测试

综合知识测试是指用人单位对求职者进行笔试的内容较为广泛,既有专业知识,也有命题写作、时事新闻、职业道德、人文知识等多方面的考查。尽管测试的方方面面较多,但其主要内容,与用人单位的工作性质、业务范围紧密联系。如招聘医务工作者,综合测试时,除考核专业知识以外,另外还要测试相关的性格因素、职业道德等。

二、笔试的准备

(一) 学习基础

良好的学习基础与在校期间知识的积累以及平时有意识地提高自身的心理素质、道德水准和思想修养是密不可分的。所以,在校学生应把握好学习的良好机会,并注意经常"温故知新",既应做到学有专攻,也应不断扩大学习领域,扩展自己的知识面,形成扎实的知识功底,这样在笔试时就能信心十足,得心应手。

(二) 分析命题方向

求职笔试的内容80%以上是与招聘单位有关联的知识,同时也与所求的职务、职业联系甚多。例如,参加一般公务员的考试,涉及法律、政治、行政学、公文写作等方面内容。另外,应试者可以购买值得信赖的出版社发行的"求职考试问题集"作为参考。分析出题方向,有助于笔试内容的准备和思路的整理,但不可将希望寄托在"猜题押宝"上。

三、笔试的技巧

(一) 增强信心

笔试怯场,大多是由于缺乏自信所致。客观冷静地对自己进行正确评估,能克服自卑心理,增强自信心。另外,求职笔试与升学考试不同,高考和中考"一锤定音",而求职笔试的机会却有多次，"东方不亮西方亮，黑了南方有北方"，清醒地认识到这一点就可减少顾虑,轻装上阵。

(二) 正常发挥

在求职笔试中，回答一些客观试题应该准确和严谨,而对于主观性问题时,就应该适当地展开和发挥,以充分显示自己的个性和创造性。

(三) 卷面整洁

一份字迹清晰、整洁的试卷,给人以赏心悦目的效果。因为求职笔试不完全等同于在校考试。"醉翁之意不在酒",有时用人单位并不特别在意应试者考分的稍许高低，而是从卷面上观察到求职者是否具有认真的态度,细致的作风。这对被录用的可能性有较大的影响。

尝试活动

报名参加学校附近企业的招聘笔试。试一试自己的胆量和实力。

第四节 面试

生活讨论

某企业到学校来招聘员工。由于该企业效益好、规模大,报名的同学比较多。有些同学们忙于打扮自己的形象,有些同学忙于准备自我介绍,有些同学在努力了解用人单位及招聘人员有关情况,有些同学则在托熟人、找关系。

面试前你会如何?

由于当前劳动力供大于求以及企业对劳动者的劳动素质要求的提高，用人单位都会要求同求职者见面接触并交谈，或明确提出要通过面试来选择员工。因此，面试是求职过程中最为重要的阶段，成败也许就决定于面试时的表现。

一、面试的特点

面试是在事先设计的场景下，通过招聘者与求职者双方面对面地观察、交谈等双向沟通方式，以考评求职者的素质特征、能力状况及求职动机。面试突出"问、听、察、析、判"，因此面试不同于日常的观察、考察，也不同于一般性的口试及面谈。面试有以下几个明显特点：

(一) 面试以谈话和观察为主要方式

面试中，主要是求职者针对招聘者提出的问题进行回答，在回答过程中招聘者通过对求职者面部表情、体态、语言、语速、语气等的观察分析，来判断求职者的自信心、反应力、思维的敏捷性、性格、情绪、态度、胆魄和创新精神等。

(二) 面试是一个双向沟通过程

在面试过程中，求职者并不是完全处于被动状态。招聘者可以通过观察与谈话来评价求职者；求职者也可以通过招聘者的行为来判断招聘者的价值判断标准，与对自己面试表现的满意度等。同时求职者也可借此机会进一步了解自己应聘的单位及职位等有关情况，以决定自己是否接受这一份工作。

(三) 面试内容的灵活性

面试内容因求职者的个人经历、背景、应聘的岗位，以及在面试过程中的表现不同而具有一定的灵活性。

(四) 面试对象的单一性

面试形式虽然多种多样，但不管怎样，招聘者不是同时面向所有求职者的，而是逐个提问，逐个测评。即使在面试中引入辩论、讨论，招聘者也是逐个观察求职者的表现。

二、面试的基本形式

(一) 单独面试与集体面试

所谓单独面试，是指招聘者与求职者个别单独面谈。这是最普遍、最基本的面试方式。单独面试通常又分为两种类型：一是只有一个招聘者负责整个面试过程；二是由多个招聘人员参加整个面试过程，但每次只与一个求职者交谈。单独面试适用于低职位人员或技术人员的招聘，因此职业学校毕业生求职面试绝大部分是属于这种类型的面试。

所谓集体面试(又称小组面试)，是指多位求职者同时面对招聘者的情况。在集体面试中，求职者自由讨论招聘者给定的题目（这个题目一般取自于拟任岗位的需要或现实生活中的热点问题），而众考官不参加讨论或提问，只通过观察倾听，对每个求职者的素质与能力进行评定。集体面试适用于高职位人员的招聘。

(二) 一次性面试与分阶段面试

所谓一次性面试，是指用人单位对求职者的面试集中于一次进行。在一次性面试中，招聘人员一般由用人单位人事部门负责人和业务部门负责人组成。在一次性面试的情况下，求职者能否顺利通过面试，甚至是否被录用就取决于这一次面试。

分阶段面试，即通过初试、复试与综合测评三步来完成整个面试。初试的目的主要是从众多的求职者中筛选出明显不合格者，它一般由用人单位的人事部门主持，主要考察求职者的仪表风度、工作态度、上进心、进取精神等。复试一般由用人部门主持，以考察求职者的专业知识和业务技能为主，衡量求职者能否胜任拟任的岗位。最后，由人事部门会同用人部门综合评定每位求职者的成绩，确定录用人选。

尝试活动

任课老师扮演招聘者，同学们扮演求职者，摸拟一个公司招聘的现场，师生们共同进行单独面试练习。同学们在体验后谈谈体会。

三、面试前的准备

做好面试前的准备，是获得面试成功的基础。因此，面试前要做好必要的准备。主要包括：

(一) 努力了解用人单位及招聘人员

面试时主试人员提出的问题，往往与用人单位、招聘者本人、用人单位拟招聘职位等有关。因此，求职者在接受面试前应尽可能了解以下信息：

1.用人单位基本情况，如单位性质、隶属关系、企业规模、经营范围、经济效益、发展前景等。

2.招聘人员的情况，如职务、性别、年龄、个性、爱好等，以利与主试者沟通。

3.你要谋求的工作岗位的基本要求，以利于在面试过程中不失时机地展示自己的长处。

(二) 与求职者自己有关的问题准备

面试时，招聘人员往往就应聘信、推荐表或履历表中所涉及内容进行提问，比如就兴趣爱好、家庭情况、在校表现等进行提问；有的甚至会笼统地请你作一个自我介绍。在回答这类问题时，应与你提供的书面材料保持一致。另外，对被聘用后的打算、工作安排、福利待遇等问题也是常常会被提及的，对于这类问题的回答应实事求是，不能夸夸其谈，好高骛远。

(三) 想好自己将要提出的问题

面试是双向交流的，所以有必要准备好自

己在面试中将要提出的问题,诸如:公司的文化背景、将来的就职与培训计划、何种人在公司干得好、公司的进一步发展计划等。

(四) 仪表形象的准备

求职者在开口交谈之前,给招聘者最深印象就是仪表形象。它包括人的容貌、体态、服饰打扮等。求职者在面试时给招聘人员良好的第一印象对于取得面试成功是非常重要的,因此求职者在面试前应注意以下问题:

1.服饰应朴素大方。面试是一种庄重的场合,因此穿戴应整洁大方,切不可穿戴显露、透明、华丽和过分奇特或太随便的服装。对于应届毕业生来说,面试时很可能在夏季进行,这时切不可穿背心、短裤、拖鞋等进入面试场所。正确的穿着打扮可考虑与所应聘的职业相适应。总之,仪表形象应给人以整洁得体、青春朝气、富有追求的感觉。

【多沟通】
形象重要还是能力重要? 关系重要还是能力重要?_____

2.礼仪举止要符合社会规范。面试时,招聘者常常以礼仪举止来检验你是否具备作为一个"社会人"的基本素养。作为用人单位不可能录用不知礼仪的求职者,因为你今天的礼仪举止,将在明天代表着用人单位的形象。

——学会微笑

(五) 做好心理准备和精力准备

当求职者接到用人单位面试的通知后,许

多人都会或多或少地产生一些不健康的心理反应，这些不健康的心理反应将直接影响面试的效果。因此当求职者赢得面试机会后，应尽力调整好心态，以热情、积极、自信、平静和谨慎的心态去迎接挑战。面试前，应适当放松，注意休息，保持充沛的精力，使自己能以饱满的精神状态去面对招聘者，力争取得面试的最佳效果。

(六) 随身携带物品的准备

面试前应准备好随身携带的物品，如学历证书、学位证书、专业技术资格证书、荣誉证书等的复印件以及工作过程中取得的成果或成就的证明材料，以便在面试过程中有必要时呈送给招聘者查看，以说明你的能力素质等。

四、面试时的技巧

在面试过程中，求职者应扬长避短，充分发挥自己的优势。具体要注意掌握以下技巧：

(一) 提前到达面试地点

面试前应留给自己充裕的时间，以适应环境，调整自己的心态，也可作一些简单的仪表形象准备。提前到达面试地点，也体现出你的诚意，守信与可靠，这正是用人单位所关注的。

(二) 注重进入面试场所的每一个环节

求职者一进入用人单位或面试场所，面试就开始了，事实上你的一举一动都在别人的注视之中，所有的招聘人员会从你不经意的举止中窥视你的素质和修养。所以,从你走向面试场所的第一步时就要开始注意自我形象的塑造。如:入场后应尊重接待人员;等候时注意坐姿;轮到你面谈时,先轻轻地敲门而后进入;进门后有礼貌地问候在场人员;待招聘者请你就座时,先道谢,然后再落座,坐下后应保持良好的便于倾听和交谈的体态,不应弓腰驼背、两脚叠放、抖动腿脚;表情要亲切、自然、坦诚;眼睛要适时地注意对方,不要东张西望,显得大大咧咧,也不要眼皮低垂,显得胆怯、缺乏自信。谈话开始时,通常让招聘者先开口,求职者在与之谈话时多用敬语,少用俗语或让人难懂的方言。在谈话结束时,不管面试进行的情况如何,不论是被录用还是不被录用,你都应该面带微笑地表示谢意,很有礼貌地说:"感谢你们给了我这次面试的机会。"最后向所有的接待人员告辞。

【面试实例1】

两个月前,我到一家德国的汽车进出口公司参加面试。刚刚毕业的我,没有丰富的面试经验,也不具备较好的外在条件。面试在市中心的写字楼里,看着出入大厅的靓丽白领,再瞅瞅自己从同学那里借来的略显肥大的套裙,唉!

下午两点半面试,我提早15分钟到达,面试地点在大厦的12层,但我并没有急着上楼,而是先在大厅中调整一下自己的心情。还差5分钟时,我准备上去了,站在电梯门口,我能看出周围的人大都与我的目的相同,只是有些人刚到,比较匆忙。电梯门开了,大家鱼贯而入,满满当当地挤了十几个,刚要关门,一个西装笔挺的人跑了进来,电梯间里立刻响起了刺耳的警告声——超载了。大家都把目光投向了那个穿西装的,但他丝毫不为所动。顿时,电梯里陷入了刹那间的尴尬,虽然还有时间等下一班电梯,但谁也不愿意冒这个险,毕竟大家都想给主考人员留个不错的印象。

我站在靠边的位置,自然地走了出去,转过身,在关门的瞬间,我不自觉地冲电梯中的人微扬了一下嘴角。

　　我乘下一班电梯上来时,并没有迟到,面试也没有开始。有一两个人和我说起刚才的那一幕,抱怨那个"西装笔挺"的先生太不自觉,而我只是笑笑。

　　面试进行得紧张而顺利。第三天,我被这家公司正式聘用了。

　　工作中,我见到了那个最后跑上电梯的先生,他是我的同事,进公司已经两年了。当我和他聊起那天面试时的情景,他笑着说,自己也只是依照老板的意思,在电梯门口等待时机。公司除了要看应聘人与主考人员的交流外,还会有很多参考因素,许多测试都是在无意中完成的——"其实,面试在你一迈进大楼就已经开始了!"

　　考官在给你进行综合打分时,不仅会看你与他的交流情况,你在面试单位的一举一动更会被"记录在案",作为"参考分",而有时这个"参考分"还会决定面试的成败。

(三) 交谈要表述清楚

　　面试的交谈,通常让招聘者先开口。回答招聘者的问题,尽量不使用土话、方言,如果应试的职业是教育、营销、公关、旅游等使用口语表达较多的部门,则应使用普通话交谈。语调恰当,打招呼问候时宜用上升语调,加重语气可带拖音,以引起对方注意。自我介绍时,最好多用平缓的陈述语气,不宜使用感叹语气或祈使句。音量适中,声音过大令人厌烦,声音过小别人难以听清。当遇到难以回答的问题时,可用幽默的语言,既能化险为夷,又能显现自己的文化蕴涵,并给人以良好印象。也可见机向招聘者提问,如询问将来的工作情况等,这既可活跃交谈气氛,又可借提问来主动展示自己的才华和志向。

(四) 注意倾听,留意观察

　　招聘者在向你介绍本单位的情况时,要注

意倾听，精神集中，不要轻易地打断对方的讲话。即使对方说话时语言冗长、频繁重复，也不要表现出不耐烦。可以在适当的时候点头，以示听懂，并感兴趣。如果有什么不清楚的地方必须提问，要很有礼貌地说："对不起，有个问题我还不太清楚，您可以再详细地讲讲吗？谢谢。"

招聘者在与你交谈时，不要只管说话，还要留意其反应，根据招聘者的体态、动作、面部表情的变化，适时地调整自己的语言、语调和音量，包括陈述内容，这样才能取得较好的面试效果。如果招聘者对你某方面的谈话有强烈的兴趣，你就可以做进一步的详细介绍；若主试者眼神不专注，心不在焉，可能表示他对你这段话没有兴趣，你得精炼语言，或转移话题；若招聘者探头、侧耳倾听，可能是由于自己吐词不清，音量太小，难以听清，则需调整语音语速；若招聘者皱眉、微微摇头，可能说明自己表达有所不当，或者是所谈内容与招聘者的意愿相悖，就应运用适当的语言进行有效的补救。如发现对方有不耐烦的表示：站起来走动，去打电话，摆弄花草时，就不要再谈下去了，要知趣地站起来，有礼貌地告辞。如招聘者说"感谢你来面试"等诸如此类的话时，意味着面试完毕，你也应该及时告退。

(五) 注意形体语言

面试是一种双向交流，这种交流靠语言，也得靠非语言的形体。如果一个人的形体语言与其言语相矛盾，那么人们宁愿相信他们所看到的,而不是听到的。在面试中要学会克服不利的体态动作,善于用眼睛、面部表情等来表现、烘托自己的情绪。

1.手。手部很容易出毛病。如双手不停卷领带、挖鼻、剔指甲、抚弄头发、掰关节、玩弄考官递过来的名片等。当然,也不能将手握得太紧,如果将手指紧紧地绞在一起, 会暴露出自己的紧张和不安。在面试时若要借助手势表达感情,手离开身体的距离不要超过肘部的长度, 如果手移动的幅度过大,会给人一种张狂的感觉。

2.脚。脚不停地晃动、前伸、翘起等,这样不仅会人为制造紧张气氛, 而且还会显得心不在焉和不礼貌。面试时,最好是双腿自然并拢,身体微微前倾。

3.坐。一个好的坐势不但能平添魅力, 而且还能增加自信。理想的坐姿是全身放松地稳稳端坐,不要正襟危坐,以免肌肉紧张。面试中的交流不是朋友间的促膝交谈, 所以坐得不能离考官太近;但也不能太远,最好在1~1.5米之间。

4.眼。眼睛是心灵的窗户,若惊慌失措,躲躲闪闪,该正视时却目光游移不定,会给人缺乏自信或隐藏不可告人秘密的印象, 极易使考官反感;但是,若盯着考官的话,又难免会给人以压迫感。所以,在听考官提问时,应落落大方,将坚定、自信的目光停留在对方的脸上,并在对方眼睛与鼻子之间的三角位置上移动。

5.脸。在面试时一定要保持微笑,因为微笑是最好的面部表情,能帮助你打开谈话的思路。

面带自然的微笑,也会给考官们添一份好心情,并对你留下好印象。

(六) 充分利用每一分钟

在面试中除了语言介绍外,还要有实物介绍。要充分利用好每一分钟。在短短的面试中,属于你的时间并不多,如何不失时机地展示自己,是你面试成功的关键。力求恰到好处地宣传自己,卓有成效地说服对方,除语言介绍外,还要有实物佐证,即带上一些能证明你能力及才华的资料,适时出示给招聘者。若对方索要这些物件,一般应给对方留下,以便用人单位做进一步的分析、定夺。因此,对准备出示的资料,在面试前应做好备份处理。总之,要充分利用和有效地支配每一分钟,诚实、完美、多侧面地展现一个真正的自我。

(七) 面试结束时留下好印象

不管你对用人单位感觉如何,都应该表现出友好的风貌。如辞行时说:"谢谢您","很高兴与你们相识","再见","希望能有再见面的机会"。面试结束后,决不可催促招聘者当场做出决定,应该表示乐于等待,或机智俏皮地说:"bye bye,给予我的一定是好消息。"

组织学生观摩学校举行的招聘会,回到班级后,交流观摩心得体会。

尝试活动

五、面试中常见的问题

(一)谈谈你自己

一般来说,你应在一分钟内介绍完自己,这一分钟犹如商品广告,应将自己最美好、最吸引人的一面,毫无保留地展现出来。

首先,你的自我介绍要让对方知道,你能给公司带来什么样的好处,在这里你应充分展示自己的才能和过去已取得的成就,而这种展示应与应聘岗位有一定的关联性。

自我介绍能否抓住对方的注意力,还在于信息的编排顺序。最先介绍的应是自己最得意、最想让对方记住的事情。然后再按重要、次重要、一般重要的顺序排列下去。这种阶梯式的排列方式不但能条理清晰、先声夺人,紧紧抓住对方的注意力,还能使你不至于因为时间所限而遗漏了最精彩的内容。

(二)你为什么应聘这个岗位

对于这样的提问你应态度诚恳地指出来此应聘的原因:①专业对口;②公司有发展前景;③工作环境优越;④有更多到外国工作的机会;⑤适合自己的兴趣;⑥离家近。你应用坚决的口气来表明自己喜欢这个工作并愿为其效劳。

(三)你来这里能干什么

对这样咄咄逼人的难题,考官的意图可能有二:一是怀疑、不信任求职者的学历、资历或经验;二是有意出此难题,使求职者尽可能地表白自己,从而能更深入地了解此人。遇到了这样的问题,你可以把自己的资历、专业或经验与用人单位的招聘条件一一分析比较,列出种种合适的理由。在陈述中要不卑不亢,不要乞求对方,不要以为态度温顺卑微用人单位就会可怜你,也不要长篇大论,简洁清楚最重要。

（四）你有什么优缺点

考官一般想通过这类问题了解应聘人能否对自己做出正确的评估。因为不能正确估计自己的人,往往也不会正确评价自己的工作。

1.参加面试前,你应对个人的优缺点有所认识,必要时也可以听听家人或朋友的评价。

2.最忌讳的是态度无所谓。比如:"我也没什么优点,也谈不上什么缺点,我这个人嘛,一般就是了!""谁还没个缺点?我有是有,可一时也讲不清楚,管它呢!"——这样的回答,容易给人不真诚、玩世不恭的感觉,让人觉得此人难以委以重任。

3.优点可以大大方方地讲出来,但不能无中生有;缺点只要不是致命或是应聘岗位无法容忍的,都可以用一种自我反省的语气说,态度越是诚恳、真挚,越会赢得对方的好感。

（五）你有什么值得骄傲的成绩

你若哑口无言就没戏了,没必要过分谦虚,你可以举几个成功的事例,然后坦然谦虚地对考官说:"无论这些能不能算作成绩,都不值得骄傲。"

资料链接

对应聘者有利的巧妙回答

对应聘者有利的优点有:

(1) 好学习、肯钻研。(2) 脑子好使,记忆力强。(3) 办事认真,一丝不苟。(4) 有干劲,不惜力。(5) 好相处,跟谁都合得来。(6) 有比较丰富的阅历。(7) 喜欢接受挑战性的课题。

对应聘有利的缺点有:

(1) 有名利思想

① 别人说我是个人主义,名利思想重。

② 别人认为我好出风头,追求名利地位。

③ 没名没利的事,我不大乐意干。

分析:名利思想的另一面,是有所作为、不甘寂寞。只要认真对待,克服短处,可以从事开拓性较强的工作。

(2) 有时脾气急

① 工作要是干不好,我容易着急,非要完成不可。

② 谁要干活投机取巧,我就会跟人家发脾气。

③ 遇到磨洋工的人,我就跟他急!

分析:虽说这类人会在工作中与人急,但他们往往对事不对人,总会提前或超额完成任务,总会干劲十足,对工作充满热情。

(3) 有时有点主观

①别人要说服我,可不容易,你摆不出事实证据来,我就是坚持自己意见。

②我有时会跟同学争,因为他们说服不了我,说我太主观了。

分析:用人单位喜欢唯唯诺诺毫无主见的人,还是有自己想法的人?虽然有主见的人不太容易被说服,但他们不会是墙头草随风倒,只要认准了目标,就会勇往直前,他们可能会为同人单位找到更多的发财之路,创造更多的财富。不过,对这类人用人单位也应采取相应的策略,让他们了解企业的发展方向、规章制度,为他们创造发挥才能的空间。

(4) 有时不拘小节

① 我这个人,大事头脑绝对清醒,而小事有时会不拘小节。

② 我经常忽略一些小事,这是不细心的表现。

③ 您可别让我处理琐碎的事,我这人太不细心。

分析:这样的人或许从事开拓性的工作较为合适。

（六）你如何规划未来的事业

几乎所有初涉职场的人都会向往"管理阶层"，因为惟有此才能表明自己的雄心壮志，但在这个老掉牙的问题里却隐藏着陷阱——你知道管理阶层的定义是什么吗？管理的基本责任应是什么？你想做什么领域的经理？因此，最保险的回答应先说明你要发展或进取的专业方向，再表明你脚踏实地的工作态度。

（七）你有什么问题要问吗

如果你只是有问必答，并不能给对方留下好印象，因为成功的面试应是一种互动，用人单位也想从你的提问中，了解你的水平、能力以及想法。

你不妨简明扼要地询问一下对方的业务范围、工作内容等，如：这份工作最重要的项目内容有哪些？这个岗位的主要职责是什么？如果我受聘这个岗位，我能接受到哪些培训？贵公司的考核方式、标准有哪些？等等。

（八）你要求的薪酬是多少

用人单位在有了初步意向后，一般会对求职者提出薪酬问题，回答这样的提问要注意：

1.面试前可了解一下该行业工作大致的薪酬范围与需求状况，以便有个"参照点"。如果说低了，你可能会失去一个获得较高薪酬的机会，还会让单位以为你没有什么真本事；如果说得过高了，人家会以为你这个人"狮子大开口"。

在回答时可以用一些模糊的字眼，比如"我

听别人说这个职位的薪资水平大概在××范围之间",这样无论答对答错,都是源自"道听途说",而非本人的想法,类似的模糊字眼还有"恐怕"、"大概"、"可能是"等,总之不能一口咬定或用具体的数字。

2. 如果你真的不知道大概的薪酬范围,也不能说:"你看着给就是了"——这可不是向对方要赏钱。你可以技巧性地回答:"我愿意接受贵单位的薪酬标准,不知按规定这个岗位的薪水是多少?""我可以回去打听一下吗?薪酬的问题好商量。"

3.别忘了询问对方的奖金,或是有没有公积金、医疗保险、失业保险、养老保险("四金"),一年有多少特别假期等,这就是人们常说的"总收入",因为有的单位确实工资不高但福利很好。

资料链接

面试过程中其他常见问题

(1)你为什么志愿到本公司来?

(2)你一个月的生活费要多少?

(3)你觉得自己够资格进入本公司吗?

(4)在学校你学得最好的功课是什么?

(5)你爱好什么体育运动?

(6)你崇拜哪些人物?

(7)你喜欢音乐吗?

(8)你业余时间喜欢做什么?

(9)你在读书期间打过工吗?是什么样的工作?

(10)除本公司外,你还应聘过哪些公司?

(11)你对琐碎的工作是喜欢还是讨厌?

(12)你晚上几点睡觉?

(13)你的兴趣是什么?

(14)请介绍一下你现在就读的学校。

(15)请介绍一下你的家庭。

(16)请介绍一下你所尊敬的老师。

(17)谈谈你对本单位的了解?

(18)你容易与陌生人相处吗?

(19)在工作中看到别人违反制度和规定,你怎么办?

(20)你有没有座右铭或比较喜欢的格言?

(21)工作后,当你完不成任务时,你将采取什么对策?

(22)工作后,你打算怎样发展自己?

(23)工作后,若你发现工作环境与生活环境与你所想象的相差甚远,你将怎么办?

(24)工作后,你若遇到更好的工作岗位,你将怎么办?

(25)我们单位上班是"三班倒"的,你能适应吗?

六、怎样应对面试过程中的尴尬

人际交往难免会出现尴尬或碰到困难,虽然你小心防备,但在面试这种重要又紧张的场合,这类情况仍很容易出现。求职者若不能镇静自如、沉着应对,往往会影响自己的整个面试表现,甚至前功尽弃,导致面试失败。所以,预先了解一下面试过程中可能出现的几种尴尬场面,准备好应对办法,可以增强面试信心。

(一) 紧张

在一般情况下,因为面试成败对一个人的事业前途可能影响极大,又是在陌生地方被陌生人盘问,所以产生诚惶诚恐、患得患失之情是很正常的。一点点紧张可以帮助你集中注意力,使面试技巧得到充分运用，但如果过分紧张慌乱，不但会给招聘者留下坏印象，还可能无法集中注意力回答问题，因此必须学会控制。

1.防止紧张的最佳办法是心理准备要充分。要做到知己知彼，消除紧张心理，不要把应试的得失看得太重要，以保持良好的心态。实际上，自己的竞争对手也同样可能会紧张，同样可能会因出错而尴尬。所以，最有效的心态就是抱无所谓的态度，"没有什么了不起，大不了再找一次，反正比这好的单位多的是"。

2.带一个事先整理得井井有条的文件包，包内带一些有关工作的资料，以备面试中使用。例如在考官提出某个问题时，可以回答："关于这个问题，我已经做了某些设想，请过目。"这样就可以尽量减少与考官的正面语言接触，消除一些紧张心理。另外，还可以带一张报纸或一本书，预备等候时翻阅。人在等候时最容易产生紧张心理，这时如果你全神贯注地看报、看书或者杂志，一来可以解除等候的不安，二来可以显示自己的素质。

3.在进入面试场所前，若体察到了自己的紧张情绪，可做几次深呼吸。深呼吸是减少紧张的有效办法。

4.不要抢着回答问题，求职者在听完问题之后，不妨稍等两三秒钟再徐徐开口，这样可以先思考清楚。要不时留心自己说话的速度，看是不是因为紧张而讲得太快。对于一些一时难以回答的问题，可用比较委婉的语气避开，努力创造出一种轻松融洽的气氛。避开不会答、答不好的问题，也是一种诚实机智的表现。其实有些问题(包括一些怪题)并非只有一个标准正确的答案，自己根据自己的理解而自信理智地回答也未尝不可，不必一遇难题就紧张得不知所措，如果在面试过程中，发现自己说错了一些话，不妨等到双方都比较自在的时候再补救。

5.如果真的紧张得严重，难以控制，最明智的办法就是适当地表白自己的紧张心理，坦白告诉招聘者。例如说："对不起，我确实有点紧张"，或说："可否让我稍静一下，再回答您的问题？"通常招聘者都会同情你，并因你的诚实真诚留下好印象，这也有利于你释放和调整自己的紧张情绪。

(二) 语误

人在紧张的场合最容易脱口而出讲错话。例如明明申请的是甲单位的职位，却误说对方为乙单位，或在称呼招聘者时把他们的姓氏、职务等张冠李戴。经验不足的求职者碰到这种情况，往往懊悔万分，心慌意乱，越发紧张，接下去的表现更为糟糕。有些求职者发觉自己说错话后会停下来默不作声，或伸舌头，这些都是不成熟、不庄重的表现。明智的应对办法是保持镇静，假如说错了的话无碍大局，也没

"对不起，刚才有一点紧张，好像讲错了，我的意思是……不是……请原谅。"

有得罪人,可以若无其事,专心继续应对,切不可耿耿于怀,因为一个单位不会因为一次小错误而放过合适的人才,而且招聘者也会谅解你因心情紧张而出的错。假如说错了的话比较重要,或会得罪别人,应该在合适的时间更正并道歉。出错之后弥补自己的过失需要很大的勇气和技巧,招聘者通常会欣赏求职者的坦白态度和打圆场的高明手法,你说不定还会因此博得好感。

(三) 沉默

招聘者可能无意或故意不作声,做长时间的沉默。如果是故意的,往往是想考验求职者的反应。在这种情况下,求职者很可能会不知所措,说出一些不该说的话,对自己不利。应对沉默的最好办法是预先准备一些合适的话或问题,在这个时候提出来,也可以顺着先前谈话的内容,继续谈下去,例如说:"刚才您问我……其实我觉得还可以这样看这件事……"

(四) 遇到不懂的问题

即使你对有关的科目、事务、学问有相当认识,仍然会在面试过程中碰到不懂的问题。如果你硬着头皮胡乱说一通,想掩饰自己的无知,这是下策。因为资深的招聘者很可能继续追问下去,求职者乱说只会出洋相,他即使不追问,也是心中有数的。还有些求职者企图回避问题,东拉西扯讲别的事情想混过去,这也是非常不明智的。最明智的应对措施是坦白承认:"我不懂"，"对于这个问题,我确实不清楚,看来今后得加强这方面知识的学习。"没有人全知全能,什么都精通,你态度诚恳,反而会博得招聘者的好感。

(五) 遇到了不明白的问题

有时候在面试过程中,招聘者提出的问题,应聘者不明白他的真正意图, 可以请求对方重复一次。可是有时即使再问一次,还是没办法抓住问题的核心。这个责任可能在应聘者方面,因为他对问题涉及的范围认识不够, 但更可能在招聘者方面,或者因为他的问题组织得不好,或者讲得太急、太简单(说不定他已经用同一个问题问了几十个人, 随便讲讲也以为别人应该明白自己在问什么)。

假如明知招聘者问得不妥当, 也不宜当面指出(如"您的问题很模糊,我不知道您想问什么"), 最好是婉转一点表示自己不大明白问题要求哪一方面的答案, 或尝试给出最可能接近的答案,并说"不知道您想知道的是不是这个?"之类。

面试的关键是态度诚恳。要做到不胡乱猜测,信口开河。应该说面试的技巧"有大体,而无定体",每一个求职者应根据自己的实际情况去灵活操作。学习面试技巧,首先要运用理论去指导实践,并在实践中不断地锤炼积累和完善。无论"成"与"败",在面试中,你都会扩展眼界,增长胆识,对今后的人生不无裨益。

七、面试结束后的技巧

如果你对这一应聘岗位很向往，还可以在面试后的一两天内，给主考官或招聘单位发一封简短而诚恳的信。信的主要内容可以是：

1.对主考官表示谢意，对当时的气氛和主考官的工作态度做一个评价，但无需长篇大论，不要过多溢美之词。

2.对面试做补充。如果已经发现自己在面试中的表述不够充分，没有很好讲明自己的观点，可以略作补充。

3.表明对招聘单位的感觉。通过面试之后肯定对此单位有进一步的了解，可以表明自己的向往之情，也可以将自己一旦落选的承受力点一下，表示自己的通情达理。其实写这封信的过程，也是又一次推荐自己、争取机会的过程。

【面试实例2】

时间:2000年6月20日上午9点30分

地点:××市××大酒店人力资源部办公室

人员:A.酒店人力资源部经理；B.酒店美方代表;C.×市外事职业中学应届毕业生

（C在宾馆服务员引导下来到办公室,礼貌地向A、B问好,A、B主动与C握手并示意C坐下,C落座后A首先发问）。

A:C小姐,很高兴你能来我们酒店应聘,但我不知道你对我们酒店的情况是否了解,也想听听你为什么要来我们酒店应聘。

C:我家住在附近,每天上学和回家都路过贵酒店。贵酒店宏伟、典雅的建筑和员工神采奕奕的精神状态给我留下很深的印象,而酒店开业两年来的业绩和服务质量,在市内更是有口皆碑。作为一个学酒店服务与管理的职校学生,我对贵酒店可以说是心仪已久了。而最近酒店在报纸上打的招聘启事中表露的求贤若渴、以人为本的思想,以及公开承诺的公平竞争的招聘原则,则是我应聘的直接动因。我具备了应聘贵酒店秘书工作的基本条件,并有过一段做秘书工作的经历,也有信心通过竞争获得自己希望的理想工作。

A:(马上有兴趣)您在什么时候做过秘书工作,能谈谈这方面的情况吗?

C:我在去年暑假和寒假分别做了近两个月的秘书工作,一次是在省里举办的"房地产开发销售博览会"会务组做秘书,一次是在白山度假村的暑假营地中为酒店经理兼营地主办人做临时秘书。

A:你觉得秘书工作怎么样?

C:我觉得秘书工作很辛苦,但却富于挑战性,同时,由于接触的人比较多,也能学到很多东西。

B:C小姐,我可以用英语提问吗?

C:谢谢您给我这样一个难得的学习机会。(以下问答是用英语进行的)

B:你认为秘书工作的主要职责是什么?

C:主要是接电话,处理信件,接待来访。

B:还有提醒你的领导该干什么。

C:秘书是领导的左右手,辅助领导履行职责是其分内的工作。

B:对(点头赞许)。有这样一个情况,您考虑一下,应该如何处理。你的经理正在开一个重要会议,不能走开,可又有一个重要电话必须由他亲自接。

C:我想应请示经理,如果他的确没空,可请对方晚一点再打过来。

B:我觉得应该记下他的电话号码及姓名,由您的经理等一会再回电话,否则您很可能失去一个重要的商业机会。这一点我们是非常重视的。

A:我现在请您去约另一个公司的总经理,可是我们并不认识他,您该怎么办呢?

C:我会写封商业信,只需公司的名字即可。

A:您认为书信好过电话吗?

C:我觉得书信比较正式,而电话更为迅捷。

B:可您不知道电话号码。

C:我在电话簿上找,如果没有再打"114"查询。

B:你不知道经理姓名。

C:但是我可以先找他的秘书。

A:如果他有几个秘书呢?

C:不管有几个秘书,但只有一个总经理。

B:这么一来,会影响工作效率。您应该向您的经理询问更多的情况,他是应该告诉您的,这是我们西方人的概念。

C:原来是这样,今天我又学到了许多知识,真是太幸运了!

B:但愿您今天学的会对您有用。

A:C小姐的英语这么好,为什么不去考大学外语系呢?

C:我家的经济条件不好,妈妈没有工作,身体不大好,爸爸在工厂当工人,这几年厂里效益不好。两年前我之所以选择了读职业高中,就是想早点工作,尽量为家里减轻负担。

B:您是自愿这样做的,还是家里重男轻女。

C:我是自愿这样做的,我从小读了许多西方小说,这几年又经常接触西方文化,对西方青年很早就自立的做法很赞赏,也愿意尽早自食其力。至于上大学,我虽然很向往,但不能不考虑家里的实际情况。好在现在有自考和成人高考,我可以利用业余时间自修大学课程。

A:我们酒店的工作很忙,兼顾学习和工作有一定困难,不知您有没有这个思想准备。

C:这个我想到了。不过我平时一直坚持体育锻炼,身体特别好,而家里的经济条件,又使我养成了利用点滴时间学习的习惯。上职高时我一直当家教和做钟点工,但学习成绩始终名列前茅。当然,如果真的成了酒店的一员,我一定以工作为重,绝不会因为学习而影响工作。

(A和B彼此交换了一下眼色)

B:那您什么时候能来上班?

C:我听从您的安排。

A:那太好了,您先休息几天,下周三早上8点30分到这个办公室来找我。

C:谢谢(站起、握别)

B:谢谢,再见。

组织一次集体招聘模拟训练。设计一些令人尴尬的场面,以训练同学们的应变能力。

尝试活动

八、求职面试的实践

对于初次求职者来说，在面试过程中往往会感到紧张，对主试人员所提出的问题，答非所问，甚至不知道如何回答，其原因主要是初次求职者没有经验，缺乏心理准备，因此对初次求职者来说，在求职前应尽可能寻找机会去体验、去实践。求职面试实践的形式有：

(一) 实地观摩

在征得招聘单位同意的前提下，到面试场内观摩面试过程，听双方的问答，感受参加面试的情景、气氛。当然也可以求职者的身份，直接参加面试。注意不要多次参加以使招聘者误以为你对就业岗位挑三拣四。另外，这样多次参加社会招聘的面试，费用开支也较大。

(二) 面试模拟

面试模拟的组织方法有两种：一是由学生自己组织；二是由学校组织。

由学生自己组织的面试模拟，是由一个或几个同学担任招聘人员，其他同学充当求职者，这种方法可利用课余时间随时组织，但由于担任主试人员与充当求职者的同学都缺乏经验，因此，很难营造一种面试氛围。

由学校组织的面试模拟，是学校邀请有经验的招聘人员来校面试，由同学充当求职者，这种方法可以营造出一种真实面试氛围，但限于条件，不能经常举行。

九、健康体检

旅游专业毕业生黄×在某三星级大酒店招聘面试中表现突出，被初步录用。可是当体验结果出来时，黄×被告知肝功能呈阳性，不能从事酒店工作。

求职者通过求职面试，在众多的竞争对手中脱颖而出后，接下来要进行身体健康检查。

用工体检一般有两种形式：一是学校统一组织毕业生到指定医院体检；二是到企业上班前，由企业指定医院自行体检。

用工体检需做肝功能及乙型肝炎表面抗原检查。检查项目和合格标准为：谷丙转氨酶（ALF）正常值：<40单位；乙型肝炎表面抗原（HBsAg）正常值：阴性。

体检表应贴有与毕业生登记表、求职推荐表相同的照片。既往病史由学生本人如实填写。

毕业生体检应注意：

1.凭体检登记表到指定医院参加体检，不准代检，不准戴角膜镜或有色眼镜进行裸眼视力及辨色力的检查。

2.毕业生应在规定的时间内，在指定候检室静坐等候，不在临检前做剧烈运动，不使用影响体检结果的有关药物。陪同人员不得进入体检场所。

3.毕业生应听从体检工作人员指挥，按点名顺序进入检查室受检，不得擅自进入检查室。一科检查完后，由工作人员将体检表及受检学生带到另一科,本人不得自带体检表转科。

4.毕业生必须如实反映既往病史,不得隐瞒。如发现有隐瞒严重疾病,不符合体检标准的,即使已被录用,也必须取消录用资格。

5.需要做其他特殊检查的毕业生,应在指定的时间、地点进行检查,不按时检查者作自动放弃体检处理。

6.毕业生必须严格遵守体检场所纪律,保持体检场所内安静,不准吸烟,不得弄虚作假。体检中途不要离场。待全部科目检查完毕,主检医师发给体检结果反馈单后方可离场。

7.毕业生对体检结果有疑问的,可在指定医院规定时间内复检。

资料链接

不同企业对员工的健康要求

1.轻度色觉异常(色弱)一般不能从事生物、园艺、植保、特殊教育、民族体育等工作。

2.色觉异常Ⅱ度(色盲)一般不能从事美术、绘画、广告装潢、摄影、动画、冶金、矿产加工、交通运输等工作。

3.裸眼视力任何一眼低于5.0者,一般不能从事飞行、航海、消防、刑侦、驾驶等工作。

4.裸眼视力任何一眼低于4.8者,一般不能从事轮机工程、体训、民族体育、烹饪与营养、烹饪工艺等工作。

5.乙型肝炎表面抗原携带者一般不能从事学前教育、烹饪、食品加工、药品生产、宾馆服务等工作。

另外,有些企业对嗅觉迟钝、口吃、步态异常、驼背、四肢异常、心血管疾病、身高甚至面部疤痕有各种不同的要求。我们在求职以前,一定要搞清楚企业对员工身体素质的不同要求。

模 拟 应 聘

应聘将是每位同学都会经历的事。如何能够在求职应聘过程中更好地展示自己,应聘活动的模拟训练将是很好的"演示"。求职应聘一般有六个步骤:

1. 制作求职推荐表
2. 根据招聘信息写应聘信
3. 参加笔试
4. 电话咨询
5. 参加面试
6. 小结与反思

请同学们做好准备,迎接挑战。希望能"过五关斩六将"的就是充分准备的你。不过同学们也要"胜不骄,败不馁",一次表现不佳,还可以再试,直到自己和老师都满意为止。

模拟实践评价记录

评 价 项 目		第一次	第二次	第三次	自评
一	求职推荐表				
二	写应聘信				
三	笔 试				
四	电话咨询				
五	面 试				
六	经验总结				
实践活动综合评价					

请在每一栏中用 A、B、C 三档表示"优秀"、"成功"与"继续努力"。

（一）制作求职推荐表

(以下为求职推荐表的样表,仅供参考,如有创意则更好)

基本情况	姓 名		性别		籍 贯		照 片
	身 高		视力		政治面貌		
	身份证号码				爱 好		
	技术等级				特 长		
	住 址					邮 编	

个人简历	起讫时间	单 位			任 职

家庭主要成员	称 呼	姓 名	单 位（住所）		职 业

在校任职	第一学年	第二学年	第三学年

在校奖惩	第一学年	第二学年	第三学年

毕业生自我介绍						

课程成绩	课程名称	成绩	课程名称	成绩	课程名称	成绩

推荐意见	
	年　月　日

(二)根据招聘信息写应聘信

用人单位招聘信息

贴 在 此 处

应聘信

贴 在 此 处

（三）参加笔试

笔试将包括时事政治、数学基础知识、写作、知识面以及关于招聘单位的有关信息等方面的内容。请做好准备。

笔试后对自己的文化水平客观评估一下。

	水平估计	擅长之处	薄弱之处
时事政治			
数学基础			
写　作			
知识面			

今后的文化课学习该怎样学？今后的笔试准备该注意什么？

_____

_____

（四）电话咨询

电话咨询主要是考察你的交际表达能力，能否清楚并得体地表达自己的想法，能否取得对方信任，是否大胆又不乏艺术。

你想在电话中表达的主要想法？

(1) _____

(2) _____

(3) _____

你想在电话中问哪些问题？

(1) _____

(2) _____

(3) _____

打完电话后的自我感觉：(A 很好；B 还好；C 一般；D 不好)

以后打电话咨询要注意：

(1) _____

(2) _____

（五）参加面试

面试是求职中最重要的环节。你的礼仪、你的口才、你的视野、你的机智与敏捷，都要经历全面的"检阅"。

面试下来的自我感觉：(A 很好；B 还好；C 一般；D 不好)

面试之中自己最得意的是＿＿＿＿＿＿＿＿＿＿＿＿＿＿＿＿

面试之中自己最遗憾的是 ＿＿＿＿＿＿＿＿＿＿＿＿＿＿＿

(1)＿＿＿＿＿＿＿＿＿＿＿＿＿＿＿＿＿＿＿＿＿＿＿＿＿＿＿

(2)＿＿＿＿＿＿＿＿＿＿＿＿＿＿＿＿＿＿＿＿＿＿＿＿＿＿＿

(3)＿＿＿＿＿＿＿＿＿＿＿＿＿＿＿＿＿＿＿＿＿＿＿＿＿＿＿

（六）小结与反思

完成模拟应聘后，同学们肯定有许多体会与得失。好在是一次模拟，我们可以将得失成败转化为自己将来的"财富"。

面试之后，你能感觉出自己的能力优势吗？你能说出自己的哪些能力需要进一步努力加强吗？下阶段该如何去学习提高呢？

职业世界的竞争不同于学校的考试，也不同于运动场上的赛跑，它所较量的是一个人各方面的素质。

职业学校学生虽然在文化基础上没有优势，但如果能够保证基础水平，而且自己还有好学的精神的话，这种劣势并不见得是劣势。同学们要牢记"学以致用"是文化课学习的关键思想。

每个人都是有长有短的。职业学校学生没有在文化学习上展现出来的能力，或许能够在社会交往或者经营管理中展现出来。不过，能力绝不可能在潇潇洒洒的享受中自然而来。"要吃得了苦，才能够致富"。如果我们连这点品质都做不到的话，在残酷的职业竞争中，我们就很难有"还手之力"。

这也是我们与同学最缺少的！

第四章

调适求职心理

健康的求职心理,是打开就业成功之门必不可少的钥匙。

1.关注求职的心理问题。
2.求职心理不良倾向的辨别。
3.初步掌握异常求职心理调适的方法。
4.了解用人单位择人方法中的心理观察。

第一节　关注求职心理

职业学校学生要努力培养自己积极的心态,有效克服消极的心态,这不仅对于求职成功和身心健康至关重要,而且对于走上职业岗位后舒心地工作,做出成绩,使职业生活走上更大的成功,都有重要意义。

一、什么是求职心理

职业学校毕业生经过几年的专业学习,掌握了一定的专业知识和技能,对待求职充满自信。同时,面对复杂的社会环境、激烈的就业竞争,他们为自己能否主动适应、能否被社会所接受、能否找到一份满意的工作而困惑,这是正常的求职心理现象。

职业学校毕业生在我国目前整体就业环境不很乐观的形势下,先就业,后择业,然后再图发展,是一种务实的求职心理。正视就业竞争,

一个人能否成功,关键在于他的心态,成功人士与失败者的差别在于成功人士有积极的心态。

——拿破仑

不消极对待,不临阵退缩,找准自己的定位,发挥自身的优势,克服盲目性和短期打算,积极争取适合的工作岗位,是勇于竞争的求职心理。把社会想得过于复杂或遭受挫折后一蹶不振,对自己评价过低,缺乏自信,不能主动争取和利用就业机遇,是一种自卑;自我感觉太好,过高估计个人的能力,择业求职时,没有自知之明,不知天高地厚,自以为是,是自负自傲的表现。

求职心理是多种多样的,它反映了各个人对待求职的态度和信念,也反映了各个人的心理素质状况。

职业学校学生正处于人生心理矛盾的突出时期,心理发展不稳定、不平衡,尤其在当前市场经济浪潮的冲击下,择业求职时由于受到传统观念、社会需要、自我评价和社会不正之风等因素影响,产生种种心理现象,甚至有一些不良心理倾向和异常心理,这都是不可避免的,关键是正确认识和对待这些心理问题。

择业求职最本质的要求是既要合乎社会需要又要适应个人的特点和发展。凡是能够正视现实、正视自身,在正确认识职业和劳动力市场现实、全面分析和综合评价自身条件的基础上选择职业岗位,是积极的求职心理;反之,则为消极的求职心理。务实、竞争是积极的求职心理,自卑、自负是消极的求职心理。积极的求职心理,促进求职,使求职走向成功;消极的求职心理,不利于求职,甚至会产生心理疾病,损害身心健康。

案例思考

小李是职业学校化工专业的毕业生,毕业后,他不好高骛远,务实求职,乐意地进入了一家当时不为大多数同学所看好的环保产品生产企业。随着人们环保意识的增强,环保产品越发走俏,企业效益越来越好。小李热爱企业、敬业爱岗、扎实工作、成绩显著,短短三年,他走上车间主任的岗位,为今后的进一步发展奠定了一个良好的基础。从小李的成功中你得到什么启发?

二、影响求职心理的主要因素

职业学校毕业生的求职心理是综合的多因素作用的结果。影响毕业生求职的心理因素归结起来有两类:外部因素和内部因素。

(一)外部因素

1.社会变革

时代嬗变,计划经济向市场经济转轨,自主择业制度得以确立,目前我国实行"政府促进就业,市场调节就业,个人自主就业"三结合的就业方针,这直接影响着毕业生的求职心理,越来越多的毕业生感到前所未有的危机感。

2.社会评价

社会的职业评价反映了社会一般人对职业价值的看法,并以社会职业期望、社会职业取向的形式影响毕业生的求职心理。不同历史时期职业评价明显不同,每一历史时期都有该时期时尚的职业。

21世纪的热门职业

电脑工程师、网页制作者、网络媒体开发者、多媒体产品策划人、商务策划师、保险精算师、注册会计师、律师、专利代理人、广告人、自由撰稿人、旅游从业者、个人投资顾问、基金经理、证券经纪人、职业咨询师、心理医生、信息咨询师、培训师、美容师、摄影师、时装设计师、高级园林绿化师、室内设计师、公关经理、人力资源经理、保险代理人。

3.长辈态度

长辈特别是父母潜移默化地以帮助、咨询等方式影响毕业生的求职心理。若长辈所从事的职业声望越高,这种影响就越大。

4.群体的求职心理

同龄人、同伴、同学的求职心理,对毕业生个体心理也会产生重要影响。有调查表明,它与毕业生家庭、长辈几乎有等同的作用。

(二)内部因素

1.心理因素

毕业生的兴趣、气质、性格、能力、人生观、价值观对其求职心理起着重要的作用。个性的差异,是求职心理差异的内在依据。例如,毕业生的个人爱好、学业成绩、自我评价对求职心理有显著影响。

2.生理因素

毕业生的性别、身高、年龄、体质、相貌等对其求职心理也有重要影响,也是构成个体求职心理差异的一个重要依据。有调查表明,性别差异对毕业生职业向往、心理行为模式影响很大。

第二节 了解求职心理的不良倾向

经验告诉我们，职业学校学生不仅要从他人成功中学习经验，领悟成功的秘诀，还要从他人失败中吸取教训，获得启示，调节自己的求职心理。职业学校学生由于受到内外多种因素的影响，求职心理出现种种困惑和不适应，会产生种种不良心理倾向。据调查，主要有以下七种。

一、攀高心理

有攀高心理的毕业生，往往职业期望值偏高，求职时，好高骛远，沉浸在理想王国里，眼高手低，不愿脚踏实地从平凡工作做起。这种攀高心理带有浓厚的主观意念，在求利、求名、求新动机驱使下，理想化成分偏多，自我感觉太好，不合实际，不量力而行。

骏马能历险，犁田不如牛，
生才贵适用，慎勿多苛求。

克服攀高心理，应做到主动追求，但不苛求。要切合实际地进行自我职业定位。

某职业学校财会专业毕业生小A，学习成绩良好，尤其是英语成绩更好。虽然目前社会对财会人员的需求趋于饱和，就业难度较大，但小A认为自己的条件不错，若自己找不到工作，其他同学就更找不到工作了。在人才交流会上，小A专找大企业、大公司，而不屑于小企业、乡镇企业。当有的企业招聘人员告诉他必须下基层锻炼两年，然后根据工作业绩才能逐级提拔到总公司时，小A非常不满，坚持自己的高要求，结果人才交流会结束后，大多数同学都签了就业意向合同,而小A却一无所获。

【点评】小A在人才交流会上求职失败的原因是求职期望值太高,脱离社会职业需求的实际。他将自己在学校中的优势,尤其是和同学比较的优势带到求职中来,自视清高,用自己的要求去衡量职业岗位。这一心理严重妨碍了求职目标的实现。求职时,既要考虑自己的条件,又要考虑社会职业需求状况,使自己的职业理想现实化,当自己的理想不能全部实现时,要在谋得职业的前提下,再考虑自己的其他要求和愿望,这样求职就会顺利得多。

二、自傲心理

有自傲心理的毕业生,往往因为自身的某些长处,过高估计自己的能力,自命不凡,而在择业求职时自以为是,自负自傲,结果是聪明反被聪明误,求职目标得不到实现。

克服自傲心理应懂得"人贵有自知之明","知己知彼,百战不殆。"即使你有比较好的求职条件,也是相比较的优势,不值得自傲。

某职业学校毕业生小B口才不错,在与用人单位面谈时,自我感觉良好。一阵海阔天空的高谈阔论以后,当对方问他的个人爱好是什么时,他竟得意洋洋地宣称是"游山玩水"。结果可想而知。

【点评】小B的失败是典型的自傲心理作怪。求职面谈时,自以为自己什么都懂,什么都会,夸夸其谈,胡吹海侃,结果留给用人单位的是浮躁、不踏实的印象。职业学校毕业生大多没有工作经验,很多事情要靠到工作单位后从头学起,毕竟书本上的知识与实际的工作实践还是有相当距离。试想,有哪家单位肯要一个不知天高地厚、自命不凡、眼高手低的职员呢?

三、等待心理

有等待心理的毕业生,往往对严峻的就业形势没有清醒的认识,择业求职采取消极和等待观望的拖延态度,选择单位喜欢挑挑拣拣,犹豫不决,采取"一慢二看三挑选",致使良机与他擦肩而过。

克服等待心理,应改变"反正还有明天呢"、"车到山前必有路"等想法,只争朝夕,抢抓就业良机。

某职业学校旅游专业毕业生小C,在一次面试中,被一家酒店看中,她借故拖延不马上签约,想找更好的单位,等她过了一段时间想与这家酒店签约时,却被该酒店经理婉言谢绝。

【点评】小C的等待心理致使她错过了一次很好的就业机会。当前毕业生就业市场已呈现供大于求的特点,但许多毕业生并未真正感受到就业市场的变化对他们的挑战,缺乏求职的急迫感,因求职的拖延态度,失去很多机会,这是不可取的。因为人们在市场竞争中无时无刻不在抢占先机,求职竞争也是如此。

四、执拗心理

有执拗心理的毕业生,往往把自己既定的求职目标和要求,如专业对口、不远离家乡等机械呆板地套用在职业选择上,而忽视了现实可能性,忽视了专业广泛适应性,缺乏灵活性和变通性,使择业求职的范围大大缩小,导致求职成功机会减少。专业不等于职业,专业除独特性外,还有伸缩性,同学们既要尊重自己所学专业,又要根据现实情况,勇于开辟比较适合自己的其他就业新路。

克服执拗心理的关键是立足现实,灵活求职,广开求职门路。

某职业学校毕业生小D，毕业前给自己框定的择业意向是：本地专业对口的工作单位。毕业之初，几家外地企业来校招工，她都未参加，结果就业单位迟迟不能落实。

五、依赖心理

有依赖心理的毕业生，往往缺乏独立意识和责任感，没有个人独立的决策能力，对自己的择业求职感到软弱无力，无法把握。即使渴望早日走向社会，也不能主动寻找就业机会，把择业求职的任务转给父母、亲友，一切依赖他人。

克服依赖心理就应懂得："每个人都应自己决定自己的职业，科学无论发展到什么程度，亦不能代替个人担负这个责任"，增强择业求职的自主性，提高自主择业能力。

某职业学校毕业生小E参加了本地的一次小型招聘会，小E在家长的引领下，到各用人单位摊位前面谈。面谈过程中，小E发言时间还没有父母多，结果谈了一家又一家，最终仍一无所获。

【点评】小E的问题出在择业求职中过分依赖父母，不主动参与竞争，职业选择由别人决定。现在的毕业生中，独生子女所占比例越来越大，他们生活一帆风顺，没有经历什么波折，再加上父母的过分呵护，客观上也培养了他们的依赖心理。其实，依赖他人是难以选择到一份满意工作的。作为一名合格的职业学校毕业生，不要低估自己，要依靠自己的能力来寻找理想的职业。小E把求职的主要任务推给父母，即使一时有单位肯接收他，也难保将来不被淘汰。小E只有努力培养自己的独立生活能力和处事能力，才能真正走向社会，走上职业岗位。

六、盲从心理

有盲从心理的毕业生，往往择业求职时缺乏主见，人云亦云，互相攀比，在择业求职过程中不顾自己的实际，不能扬长避短，盲目追随他人，甚至盲目追逐热门职业。

选择合适的职业，应符合自己的特点，知己知彼，扬长避短。单位的名气、待遇固然重要，但不能据此来判断好坏。好与坏都是相对的，适合自己的就是最好的。

克服盲从心理，就应懂得"每一个人不要做他想做的或者应该做的，而要做他可能做得最好的"，并且根据自身条件选择自己最合适的职业。

某职业学校电子专业毕业生小F，长相不错，求职时，听人说外资企业收入高，她就不考虑自己所学专业和个性特点，决定到一家外资企业当秘书，结果未满三个月的试用期就被"炒了鱿鱼"。

七、自卑心理

有自卑心理的毕业生，往往因为择业求职时遭受挫折后轻视自己，对自己的能力、品质等评价偏低，忧虑过多，总觉得自己不如别人，对求职缺乏主动争取和利用机遇的心理准备，逃避现实，悲观失望，自信心不足。

克服自卑心理就要确信"天生我才必有用"，树立必胜的信心，调整心态，确定适合自身特点的求职目标，战胜自我，赢得求职的成功。

案例思考

某职业学校毕业生小H学习成绩和其他方面条件都不错，由于专业冷门等原因，找了几家单位求职都碰了壁，从而产生了自卑感。后来在求职过程中表现越来越差，陷入恶性循环而不能自拔，以至于到了新的用人单位那里，只能被动地问人家："学某某专业的要不要"，其他什么话都不敢讲，最终未能落实就业单位。

【点评】小H的失败是由于自卑心理所致，他在受挫后丧失了应有的自信心，不敢主动、大胆地与用人单位交谈，也就不能很好地表达自己，越是躲躲闪闪、胆小、畏缩，越不容易获得用人单位的好感。这样也就陷入"不战自败"的困惑。小H所学专业冷门，这虽是求职中的不利因素，但小H的各方面条件还不错，如能提高勇气、扬长避短，充分展现自己综合素质中的闪光点，相信也能在求职竞争中取胜。要想成功求职，首先要成为成功的人。

以上介绍的七种求职心理不良倾向可分为三类：一是求职目标与现实发生矛盾或冲突，如攀高心理、自傲心理、等待心理、执拗心理；二是缺乏主见，如依赖心理、盲从心理；三是缺乏应对竞争的勇气和自信，如自卑心理。这些求职心理不良倾向是职业学校毕业生择业求职过程中比较常见的。择业求职心理准备不足，陷入误区，不仅有损于毕业生的身心健康，而且对求职目标的合理确定、正确实施和顺利实现都会产生很大的不良影响。前车之覆，后车之鉴。同学们应善于从学友们的失败中汲取教训，总结经验，做好就业前的心理准备，在今后求职的道路上少走弯路，顺利实现自己的职业理想。

第三节 异常求职心理的调适

　　求职者在求职过程中会遇到意想不到的问题和各种各样的困难,若不能正确对待,必然会产生异常的心理现象。异常心理的持续和强化,又会引起心理障碍,以致影响求职的实现和损害身心健康。求职时面对各种职业因犹豫不决而引起的冲突感,求职过程中因害怕失败而引起的紧张感,自我推销过程中因经验不足而引起的羞怯感,由于对自己缺乏全面正确的认识而引起的自卑感,以及经历求职失败后产生的挫折感,都是常见的异常求职心理。不过,求职过程中异常心理的产生是难免的,关键是要学会调适的方法,以有效排除求职过程中各种异常心理,始终保持稳定的情绪和积极的求职心态,才能顺利实现就业。

一、理性处理心理冲突

　　求职的过程实际上就是创造条件实现某个职业目标的过程。一方面,职业理想与现实往往有一定的距离,择业求职的期望值太高、太理想化了,现实不能满足要求,会导致心理冲突。另一方面,由于人的职业需要和职业愿望是多种多样的,也是不断发展变化的,一个人往往同时会有多个职业目标并可能发生矛盾和冲突。

　　职业学校学生应如何正确对待就业问题上的心理冲突呢?

第一，在理想与现实冲突时，要面对现实，权衡利弊，分析自己素质、能力等各方面情况，使之合乎实际，切忌好高骛远。要放眼未来，从长计议，处理好远近目标的关系。应该看到当今已不是"一次就业定终身"的年代了，目前没有机会并不代表将来也没有机会，职业目标的实现可以分步进行，不要对未来丧失信心，而是考虑如何把能做到的先做好。

第二，我们应该清楚，很少有一份工作能满足一个人的所有期望，因而在职业目标冲突面前，要以最重要的期望为目标，舍弃一些次要的目标，在鱼和熊掌不可兼得的情况下，果断地做出选择。

第三，要端正求职动机，不要患得患失，应尽全力去争取，抓住每一个求职的机会。

二、消除过度紧张

人们在遭遇那些自己认为很难对付的事情时产生紧张是难免的。特别是在从事重要的工作而又没有把握时，更容易出现紧张。由于紧张而导致的心情烦乱、注意力不集中，会直接影响身心健康和行动效果。

紧张分为适度紧张和过度紧张。适度紧张可以使人处于合理的应激状态，有利于充分调动人内部的生理能量，更好地应付面临的困难或重大事件。适度的求职紧张，有助于唤起求职欲望的热情，充分调动自身的潜能，取得最佳的

你若不能做山顶上的一棵松树，便做山谷里的一株矮树
——但要是山谷中最好的矮树
你若不能做矮树就做小草
——但一定是快活的小草

【多沟通】
某化工厂工资待遇优厚，但工作艰苦还有危险因素，假如你是职校化工专业毕业生，你愿意去该厂当工人吗？

. 132 .

求职效果。而过度紧张则会使一个人的能力难以正常发挥，甚至使人完全丧失某一方面的能力，影响人的身心健康。求职紧张情绪是求职成功的绊脚石。

因此，为了提高求职的效果，适度的紧张是必要的，但必须克服过度紧张（或称为紧张情绪）。许多求职者的失败，不是因为他们缺乏适应工作的能力，而是因为情绪紧张导致怯场，使招聘者对求职者的稳定性、应变能力、处世能力发生怀疑。

如何克服求职过程中的紧张情绪呢？

1.根据就业形势和就业环境，以及自己的素质与能力确定自己的求职目标。切忌不合实际的故意拔高，更不要对自己过度施压。

2. 做好充分准备。准备充分是减少紧张的有力措施。在求职过程中因为心中有数，自然就不紧张了。

3. 相信自己会取得求职的成功。一方面，不要把招聘者看得过于神秘，他们虽然在求职者面前有心理优势，但他们也是普通人，并不是每个人都是学识渊博、心计多端、难以对付的人，有些人甚至可能在知识和经验等方面不如求职者。了解这一点，可消除对招聘者的畏惧感。另一方面，多想自己的优势、优点和特长，求职者要挖掘自己对所谋职业来说的优点和优势，增强自信，要通过"我会发挥得很好"、"我一定能成功"这样的暗示作用，消除紧张。

4. 超然对待"失败"。在求职过程中，如果

【多沟通】

你在哪些场合下会有紧张的感觉？

你觉得自己的紧张是否能够克服？

老是担心失败,这样就会加重心理负担,增加紧张感,如果采取是超然的态度,想到即使求职失败,也没有失去什么,相反能总结出许多经验,去适应更好的机会,自然会放松。

5. 做好应付"最坏情况"的心理准备,求职活动紧张度就会减轻了。例如,面试时,有时采用破釜沉舟、背水一战的态度,也能消除紧张,变得轻松、豁达和无忧无虑。

6. 学会自我放松法。自我放松的方法是因人而异的。以下方式一般可以试试:①勇敢地说出第一句话;②做深呼吸;③努力让全身肌肉放松;④改变坐姿;⑤凝视蓝天;⑥洗把脸。

三、有效防止羞怯

羞怯是一种普遍的情绪体验,它是指人们由于性格内向或挫折引起的过度约束自己言行,以致无法真实表现自己情感的一种心理。适当怕羞是必要的,怕羞的人会全心聆听别人的讲话,不想抢别人的话题,因此,他们显得谦虚而富有涵养。但怕羞超过一定限度,特别是与自卑联系在一起就会严重妨碍推销自我。一个羞怯感强的人在择业求职中,常常会退避三舍,缩手缩脚,不敢自荐。在招聘者面前不敢迎视对方的目光,缺乏自信和勇气,面谈时唯唯诺诺,不是语无伦次,就是面红耳赤、张口结舌。他们往往对自己的神态举止和言谈过分敏感,谨小慎微,怕回答不上对方提问而出"洋相",怕说错话而伤害对方或有损自己的形象,怕失败而让人看不起。在公平竞争的机遇面前,不能充分表现自己的才能,以致错失良机,产生悲观失望的情绪,而后自信心下降,形成恶性循环。这是求职过程比较严重的心理障碍。

如何减轻和消除羞怯心理呢?

1. 增强自信心,塑造一个勇敢的自我。在恰当地认识自己,实事求是地评价自己的长处和弱点的基础上,强化积极的自我体验,提高自信力,勇敢地面对现实,去追求择业求职的成功。

2. 在实践中锻炼自己的胆量。开始可以拣容易的做,如先在熟人的范围里练习面谈,锻炼自己的表达能力,运用和熟悉自我推销的技巧,培养对"羞怯的心理抗力"。然后按循序渐进的原则,扩大范围、增加难度。要尽可能参加各种类型的"人才交流会"、"人才洽谈会"和"毕业生供需见面会",把它们看成是锻炼自己的机会,做好充分准备,有意识地克服羞怯心理。

3. 增长知识,扩大自己的知识面。造成羞怯的原因固然有生理因素的作用,但主要是后天形成的。缺乏求职的知识技能,会降低自信心。一个人只有具备丰富的知识,才能在各种求职活动中,不会因知识过分狭窄而受窘。职业学校学生不仅要掌握专业知识和其他科学文化知识,而且也要学会求职所需的基本礼节和推销自我的基本技巧。

4. 不要过多地计较他人的评论。羞怯感强的人,最怕得到否定的评价,结果越害怕越不敢

【多沟通】
你觉得自己是否是一个大胆的人?

偶尔产生羞怯一般在哪些时候?

愚昧是产生惧怕的源泉,知识是医治惧怕的良药。

表现自己,越不敢与人交往,恶性循环的怪圈使他们在羞怯的漩涡中越陷越深。其实,被人评论是正常的事,应顺其自然,并把它作为改善自己的动力,而不应把它当成精神负担。

5. 学会控制自己。常用方法是自我暗示法,每当面试中自感有可能紧张或羞怯时,就提醒自己镇定下来,什么都不去想,把招聘者当作自己的熟人和朋友一样,羞怯心理就会减少大半。心理学研究表明,一个非常怕羞的人,在陌生场合讲出第一句勇敢的话后,随之而来的将不再是新的羞怯而可能是顺理成章的论说。

6. 追本溯源,对症下药。对于自幼就羞怯怕事的人,可以从个人活动上追溯根源。努力寻找既往生活史上引起惧怕刺激的经历,从而找到克服羞怯心理的治本方法。

四、努力超越自卑

自卑是人们由于害怕受挫而产生的一种轻视自己的心理倾向,通常表现为不能全面认识自己,总觉得自己的能力不如别人。例如在自我推销的过程中,自卑的人虽然也希望自己能给对方留下好印象,但总怀疑自己的能力,在陌生的招聘者面前出现惊慌,不知所措,有的脸红、低头、干笑,有的喉头颤抖,吐字不清,甚至全身发软等,这往往给招聘者留下缺乏生气、能力低下、适应性差的感觉,从而影响求职的成功率。自卑心理源于他人对自己的不客观评价和自己对自己的消极暗示。反复地消极暗示导致认识功能的减弱，尤其对一些自我意识发展不健全的职业学校学生来说，强烈的自卑心理成为求职乃至生活的最大障碍。

如何克服求职过程中的自卑心理呢？

1. 要正确评价自己。人贵有自知之明。这里的"自知"，不仅表现为知道自己的短处，也表现为了解自己的长处。我们不能因为自己某方面的能力缺陷而怀疑自己的全部能力，而要看到自己如人之处和过人之处。马克思十分赞赏一句格言："你所以感到巨人高不可攀，只是因为自己跪着，不信你站起来试一试，你一定能发现，自己并不比别人矮一截。许多事情别人能做到的你经过努力一样能做到。"因此，正确评价自己，是建立自信、消除自卑的有效方法。

2. 正确对待自己的弱点和缺陷，并进行积极的补偿。

"金无足赤，人无完人"，这是人人都知道的道理。在求职过程中既要在承认弱点和缺陷的前提下，多看自己的长处和优点，又要对自己的弱点和缺陷进行积极补偿。积极补偿的方法有两种：

一是"以勤补拙"。一个热爱生活的人，不是把自己的弱点和缺陷当作包袱，而是下功夫去弥补，用自己辛勤汗水去换到自己所希望的一切。古希腊著名演说家德穆斯芬幼年时口才平平，而且有些口吃，第一次登台演说就被喝了倒彩。面对挫折，他毫

凿壁偷光

不气馁，而且立志成为雄辩家。他面对大海，口含石子，反复练习，经过第二次演说，他就成为古希腊闻名遐迩的演说雄才了。职业学校毕业生择业求职时，对于那些无法避免的弱点和缺陷应当尽可能忘记和忽视它们，不要老是让它缠住自己；而对那些影响求职的专业知识、技能技巧，要加强学习和锻炼，设法加以弥补。

二是"扬长避短"。人与环境的联系是多方面的，在成才的道路上，"失之东隅，收之桑榆"的情况是屡见不鲜的。我们阅读许多伟人的传记，可以发现许多人的优秀品格和一生的辉煌成就，从某种意义上说是某个人的缺陷促成的。苏格拉底和伏尔泰就因为自惭形秽，而在思想上痛下功夫，结果在哲学领域大放光芒；张海迪的成功也是她思想的坚强弥补了她身体的缺陷。所以说，人的缺陷是可以改变的，关键在于你愿不愿意改变。只要下决心并讲究科学的方法，选择适合自己的奋斗目标，自卑的人逐渐会变成自信的人。

职业学校毕业生要在择业求职时扬长避短，就要找准平台，不要只是光顾那些既有丰厚的收入，又有可炫耀的地位，工作又轻松的"最好的"职业，它可能并不适合你。最适合个人自身能力和条件的工作，应是最好的选择，能够做得最好的往往是一个人最佳才能所在。

3. 正确地表现自己。自卑感往往产生在自我表现的过程中，要克服自卑感还必须学会恰如其分地表现自己的才能。专家们建议，自卑感强的人,不妨多做一些把握较大的事情。因为任何成功都会增加人的自信,循序渐进地锻炼自己的自我表现能力是克服自卑的根本途径。比如,学会如何平静地与人交谈,如何接近陌生人,如何同别人握手寒暄,如何进行开场白,如何使谈话继续和终止等技巧,等等。要正确地表现自己,还必须客观对待他人的负性评价,自己瞧得起自己。只有自尊,他人才尊之。

4.克服自卑,除了正确看待客观现实,还要努力克服自身的心理弱点。如采取有效的方法摆脱紧张、焦急、忧虑等不良的情绪,培养乐观自信和积极的生活态度。

有人让两个互不相识的职业学校学生共同讨论问题。预先对甲说,你的交谈对象是个大学毕业生,对乙说,你的交谈对象是个初中毕业生。结果自以为地位高的学生在交谈中非常自信,流露出一种优越感,而自以为地位低的学生,则缺乏自信,说话变得支支吾吾,甚至很少注意对方。你能从这个例子中感悟到什么?

五、正确对待挫折

求职过程不会是一帆风顺的,遇到各种各样的障碍常常是不可避免的。在求职过程中,挫折和失败是非常现实的。但对待挫折,不同人有不同的表现。一个人只有树立正确的人生观,才能保持积极向上的精神风貌。

如何正确对待求职择业过程的挫折呢?

(一) 客观冷静地分析挫折

首先要对挫折的原因进行分析，是客观条件苛刻，还是主观条件不具备，抑或是求职策略欠佳？如果认识到这种挫折是客观环境造成的，可以为以后的择业求职提供经验，避免重蹈覆辙，还可以使挫折感大大减轻。如果挫折的原因是自己的主观方面造成的，要自觉调整求职目标并加强自身修养和技能的学习。

其次是对挫折后果的分析，也就是说挫折给自己带来了什么损失。挫折感是一种主观体验，面对相同的挫折不同的人的感受是不同的，它取决于对所失去的目标重要程度的主观认识，如果发现所受挫折并没有给自己带来多大损失，那么挫折感就会减轻。

(二) 理智地看待挫折

尽管失败使人难堪，使人烦恼，但"失败是成功之母"，是前进的动力。一个人跌倒了，爬起来继续前进，即使再一次跌倒，也不再跌在原来的地方，而再一次爬起时又将是一个新的开始。如果能在一次又一次的失败中不断积累经验，丰富求职技巧，那么就等于在积累成功，也许今后的路会比别人走得更好更快。理智看待求职竞争中碰到的挫折，就应把挫折看成锻炼意志、增强能力的机会，有意识地培养自己的心理承受力，以积极主动的心态参加每一次竞争。

第三，调整求职目标。由于环境的复杂性和个体的广泛适应性，求职目标应始终保持一定的灵活性。因为人的适应性和可塑性还是比较强的，并不是只能在某一职业上才能获得成功。实现某个职业目标的困难大，若能换个方向，说不定很快就能成功，"失之东隅，收之桑榆"的例子是很多的。更何况，成就事业，不完全取决于原来所学的专业，而在于学专业时养成了什么素质；不在于毕业后从事什么性质的工作，而在于以什么样的态度从事工作，成功与否关键不在职业而在人的自身。

路要走，泪可流
不到断头不回头
此路走不通，
换条路再走……
天生我材必有用，
必有用！

第四，可采用代偿和寻求疏导的方法，调节心理平衡。代偿是指在挫折面前，为缓解心理压力，以另一种活动弥补不能达到的愿望；寻求疏导是指向同学、家长等倾诉，听取忠告，吸取教益，排除心中积郁。代偿和寻求疏导都是心理调节的有效方法。

某高中毕业生，申请办了一家个体服装店，但由于市场信息不灵，购进大批服装却滞销，因资金周转困难而破产。在挫折面前他信心顿失，整日长吁短叹，发誓再也不干个体户，但又求职无门，结果越来越沮丧。

某农村女青年，高考落榜，报考乡镇农业技术员，因人为干扰而未能如愿。她利用自己的知识钻研食用菌栽培技术，不出几年，她已成远近闻名的"女能人"，不仅实现了自己的职业愿望，同时也带领数百户农民摆脱了贫困。

第四节　用人单位的择人方法

程功与梁丽同学离开面试试场后,悄悄地交谈。程功说,对我面试的人没有问我有关求职的问题,只是问我喜欢不喜欢看电影,然后,我们谈了谈电影《××××》的情节与一些看法,就让我离开了,不知道这是什么意思。梁丽同学说,我也很奇怪,当我走进面试试场,他们好长一段时间既没让我坐下,也没问我什么,搞得我无所适从……

他们碰到招聘过程中的心理战术喽。

"知己知彼,百战不殆"。作为职业学校学生,了解用人单位的择人方法,不仅有利于成功地推销自己,而且有利于对自己职业素质的培养。尽管用人单位择人方法多种多样,但都离不开心理方法的运用。本节介绍一些用人单位择人常用的心理方法,帮助同学们在求职过程中进行针对性的心理调节。

一、加码观察法

加码观察法是招聘者利用和控制求职者的心理变化,达到观察和了解求职者目的的方法。招聘者往往在求职者高兴的时候,加大其欲望,既然有欲望,就无法按捺住实情;在求职者最恐惧的时候,加重其恐惧,既然有害怕的心理,就不能隐瞒其实情。这样便于招聘者在求职者没有掩饰的情况下,清楚、透彻地观察和了解求职者。或者招聘者始终保持沉默,静候求职者的表现,加强观察。

二、宽松交谈法

宽松交谈法是招聘者在宽松的氛围中,通过与求职者的自由交谈,以了解和识别求职者。运用这种方法,招聘者往往有意识地制造一个自然、恰当且轻松自如的谈话气氛,他不一定有目的地提什么关键问题,他会随心所欲地问一些无关紧要的问题。比如,你的朋友多不多?你有哪些保健法?你喜欢买彩票吗?你对这里的风俗习惯有什么看法?等等。在自由交谈中,通过求职者发表的对各种各样问题的看法和采取的态度,去把握其心理特点、个性和胸怀。他往往善于区分求职者的话语中哪些是真实的,能够体现其个性的语言;哪些是信口开河,不表示任何语义的语言。这样,一些无关紧要的话语,往往成为招聘者识别、了解求职者的重要材料和依据。

三、激将法

激将法是利用求职者的逆反心理而实现对其识别的方法。比如,招聘者当着众人的面,说你做不了某件事情,你对此有些失望,你会立刻想方设法去做成这件事,让对方知道对你估计错了。通过激将法,招聘者可以清楚地观察出求职者的心理特点和性格中的独特之处。激将法对于了解男性或性格刚强的人的心理是有效的方法。

请举一两个生活中运用激将法的例子。

四、伯乐识马法

伯乐识马法是指招聘者凭直觉判别求职者的素质高低,从而确定录用与否的方法。荷叶刚刚露出水面一个小小的叶角,早有蜻蜓立在上面。对于目光敏锐的招聘者来说,好的人才一出现就会被他一眼看透。是金子总会发光的,人才身上的良好素质通常在其言谈举止、心理品质、行动效果等方面表现出来,目光敏锐者正是根据一个人身上微小的东西判断其整体素质和潜力的。

五、血型判别法

血型判别法是招聘者根据求职者的血型判断求职者的气质、个性特点,根据岗位特点和要求选择相应人才的方法。"O型"、"A型"、"B型"、"AB型"四种不同血型,往往赋予一个人的气质、个性上不同的特征。但它不是绝对的,血型是先天的,后天因素可以部分改变一个人的气质和个性特征。因此,这是用人单位选人的一种辅助方法。

职业学校毕业生在求职时除了解用人单位选人的一般程序和规则外,还要注意了解一些心理方法,并从中得到启示,在竞聘中充分表现自我,展示自己的人格魅力,去赢得用人单位赏识。这不仅是十分必要的,而且可能会取得预想不到的效果。

某职业学校营销专业2000届毕业生小黄到某公司招聘面试,碰上这样一个招聘者:他好像天生是个哑巴,闷头坐在那里,一言不发。小黄当时很紧张,使尽浑身解数,从自我介绍到寻找话题,谈天说地,甚至把自己爱骑摩托车,不愿与很较真儿的人打交道都说上了,还是撬不开他的口,弄得小黄好像不是同招聘者谈话,而是在和天花板或地板谈话。应试结束后,小黄心里有说不出的滋味,感叹自己遇到这么一个招聘者而倒霉,后悔自己多嘴多舌,留下许多不妥的话语,想想还是把这一次应试作为练习说话罢了。没想到,第二天,招聘者打电话告诉小黄,她被录用了,而且让她担任客户经理助理的工作。

　　某职业学校财会专业2001届毕业生小林,参加某公司财务员招聘面试。小林走进试场后,三位招聘者依次与小林聊了一些平常、轻松的话题。比如,"在校时你最喜欢做什么"、"为什么来这里应聘"等,此后,其中一位招聘者说:"哈,就是你呀,怪不得这样面熟,前天我们在火车站丢了公文包,是你见到告诉我们的,太感谢你了!"其余二位也随声附和,"巧,真是有缘分啊!"一个突然来临的选择摆在小林面前,小林诚实坦然相告,"先生,您认错了人!""不,绝对不会,我的记性一向很好。"经过一番争执后,中间那位年长的招聘者说:"你被录用了!"

第五章

维护劳动者合法权益

学习《劳动法》
了解劳动者
的权利与义务

中华人民共和国
劳动法

　　如何与用人单位签订劳动合同?如何用法律手段维护自己的合法权益?如何通过正当合法的途径解决劳动争议?

1.了解我国《劳动法》的本质和作用。
2.知道劳动者享有的权利和应尽的义务。
3.知道怎样与用人单位签订劳动合同。
4.知道解决劳动争议的途径。

第一节 依法就业

据政治课老师反映,很多同学在学习有关劳动法律时,表现不很积极。

经调查,他们的理由有:(1) 我们现在还在学校学习,劳动法用不着。(2)毕业后,能找到一份合意的工作就算幸运了。如果找不到,就不能成为劳动者,也就没有什么"权益"可言。所以,劳动法没有必要学。(3)将来在用人单位工作,要想好好干下去,最好不要与单位领导"顶嘴"。因此,劳动法用不得。

啊,劳动法,你的好心肠,救不了我的饿肚皮!

《劳动法》是劳动法律体系中具有最高法律效力的劳动法律规范性文件,是保护劳动者的法律。

一、劳动法概述

劳动法在我国有广义和狭义两种理解:狭义上理解的劳动法是指第八届全国人民代表大会常务委员会第八次会议通过《中华人民共和国劳动法》(本章以下简称《劳动法》)。广义上理解的劳动法是指调整劳动关系以及与劳动关系有密切联系的其他关系的法律规范总和。其中除了包括上述狭义的《劳动法》之外,还包括其他的法律规范。例如,原劳动部"关于贯彻执行《中华人民共和国劳动法》若干问题的意见"、"违反和解除劳动合同的经济补偿办法"、国务院"关于职工工作时间的规定"、《中华人民共和国企业劳动争议处理条例》等等,都是广义上理解的劳动法范畴。我们学习劳动法,一般都是指广义上理解的劳动法。

《劳动法》适用于我国境内的企业、个体经济组织、国家机关、事业单位、社会团体和与之建立劳动关系的劳动者。

我国劳动法是社会主义的劳动法,具有社会主义的本质。它对促进我国生产力的发展和我国社会主义现代化建设事业的顺利进行有着重要作用。其精神主要包括:(一)以保护劳动者合法权益,调动劳动者积极性为基本宗旨;(二)建立和谐和稳定的劳动关系,以促进生产力的发展;(三)建立和维护适应社会主义市场经济的劳动制度,积极促进社会的发展和全面进步。

我国《劳动法》主要是保护劳

动者的法律，它以维护劳动者的合法权益为首要宗旨。

二、劳动就业原则

劳动就业工作必须遵循一定的准则，具体包括：

1.国家促进就业原则。国家采取各种措施创造就业条件和扩大就业机会。

2.平等就业原则。劳动者就业，不因民族、种族、性别、宗教信仰的不同而受歧视。劳动者享有平等的就业机会，每个劳动者都能平等、公平地进入劳动力市场，自主择业，竞争就业。

3.劳动者与用人单位相互选择原则。劳动者自由选择用人单位，用人单位自主择优录用劳动者。劳动者与用人单位相互选择，有利于劳动者发挥聪明才智，优化劳动力资源配置。

4.劳动者竞争就业原则。劳动者通过用人单位考试或考核，竞争取胜而获得就业岗位。劳动者以平等身份，通过公开竞争就业，可以促使劳动者努力学习文化、掌握科学技术知识、提高技术业务水平，有利于社会劳动力整体水平的提高，促进社会主义现代化建设事业的发展。

5.照顾特殊群体人员就业原则。对谋求职业有困难或处境不利的人员，要给予照顾，以切实维护特殊群体的利益。

6.禁止未成年人就业原则。未成年人正处于长身体、长知识时期。为了保障未成年人健康成长，限制就业年龄是非常必要的。

【多沟通】
竞争就业与照顾特殊群体就业相矛盾吗？ _____
_____

三、劳动者的权利和义务

劳动法律关系主体的权利和义务是相辅相成、密切联系的。劳动者既不能只享受权利,不承担义务,也不能只承担义务而不享受权利。劳动者依法享有的权利,也就是用人单位对劳动者应尽的义务。同样,劳动者应承担的义务,也就是用人单位依法享有的权利。

根据《中华人民共和国宪法》、《劳动法》和其他有关劳动法律法规的规定,作为劳动法律关系主体一方的劳动者享有的权利有:

1.同用人单位依法变更、解除、终止劳动合同的权利;

2.职工有推举代表或者工会代表同企业签订集体合同的权利;

3.按照自己劳动的数量和质量领取劳动报酬的权利;

4.休息、休假的权利;

5.获得劳动安全卫生保护的权利;

6.女职工获得特殊劳动保护的权利;

7.劳动者有接受职业技能培训的权利;

8.享受社会保险和福利的权利;

9.劳动者有组织工会和参加企业民主管理的权利;

10.提请劳动争议处理的权利;

11.法律法规规定的其他权利。

根据劳动法律法规规定,劳动者应承担的义务有:

1.按时、保质、保量地完成生产任务或工作任务；

2.提高职业技能水平；

3.执行劳动安全卫生规程；

4.遵守劳动纪律和职业道德；

5.爱护和保卫公共财产；

6.保守国家机密和单位业务机密；

7.法律法规规定的其他义务。

【小调查】

分别调查三位劳动者，了解他们的合法权益有没有被侵犯。

第二节 劳动合同

某报纸报道:从为期一周的劳动执法检查中得知:个别私营企业主和少数劳动者法律意识淡薄,在劳动过程中双方未签订劳动合同,致使……

劳动合同也称劳动契约，是指劳动者与用人单位之间为确立劳动关系，明确双方权利和义务的协议。

一、为什么要订立劳动合同

1.订立劳动合同是劳动者实现劳动权的重要保障。劳动权是劳动者获得职业的权利,是劳动者生存的权利。劳动者同用人单位签订劳动合同,意味着劳动权的实现,劳动者在合同期限内将获得有保障的工作，用人单位不得无故解除劳动合同。

2.签订劳动合同是用人单位合理使用劳动力，巩固劳动纪律，提高劳动生产率的重要手段。用人单位可以根据生产经营或工作需要确定招收录用劳动者的时间、条件、方式和数量，并通过为劳动者签订不同类型、不同期限的劳动合同，发挥劳动者的专长。劳动合同规定劳动者必须遵守其所在单位内部合法的劳动纪律和其他规章制度，目的是为了巩固劳动纪律，提高劳动生产率。

3.签订劳动合同是减少和防止劳动争议发生的重要措施。在我国社会主义制度下，劳动者与用人单位的根本利益是一致的，但由于种种原因也会产生矛盾。签订劳动合同，明确规定了劳动者和用人单位的权利、义务和责任，有助于提高双方履行合同的自觉性，促使他们正确地行使权利，严格地履行义务。这样，就可以减少和防止劳动争议的发生。即使发生劳动争议，也有确定的依据，容易分清是非责任，有利于争议的解决。

二、如何订立劳动合同

1.订立劳动合同必须遵循合法原则和平等自愿、协商一致的原则。这是劳动者与用人单位在订立劳动合同全过程中都应遵守的基本准则，任何有违这一

基本准则而订立的合同都是无效合同，法律不予保护。

合法原则要求订立劳动合同的当事人必须具备合法的资格。例如，作为用人单位，必须是依法成立的企业、个体经济组织、国家机关、事业单位、社会团体等；作为劳动者，必须是年满16周岁，具有劳动能力的人。合法原则还要求劳动合同订立的目的、内容、形式和订立的程序、行为必须合法。只有依法订立的劳动合同才是有效的，才能得到国家法律的保护。

平等自愿，协商一致的原则要求订立劳动合同的当事人双方，任何一方都不得将自己的意志强加给对方，也不允许第三者进行非法干预。只有双方在充分表达自己意思的基础上，经过平等协商，取得一致意见而签订的合同才有效。

2.订立劳动合同一般要经过要约和承诺两个阶段。劳动合同的要约通常由用人单位发出，经求职者慎重考虑后，若同意接受，双方即达成协议，同时签订劳动合同，以确立劳动关系。

3.根据《劳动法》规定，劳动者与用人单位应当以书面形式订立劳动合同。劳动合同应具备以下条款：劳动合同期限（即工作期限），工作内容（指劳动者承担的工作任务），劳动保护和劳动条件，劳动报酬（包括工资、保险、福利），劳动纪律，劳动合同终止条件，违反劳动合同的责任等。劳动合同内容除了以上规定的必要条款外，劳动者与用人单位还可以协商约定其他内容。例如约定试用期(试用期最长不得超过6个月),约定保守商业机密等。

劳动合同一般格式为(见下页):

4. 劳动者与用人单位签订了劳动合同后,还应将劳动合同送辖区内的劳动行政部门进行鉴证。由劳动行政部门依法审查劳动合同的真实性和合法性,对审查合格的劳动合同,鉴证机关予以鉴证。

三、签订劳动合同情况的现状

虽然政府部门再三强调用人单位在招聘员工后,必须与劳动者签订劳动合同。但是由于个别企业和少数劳动者法律意识淡薄仍有未签订劳动合同,或虽签订了劳动合同,但合同内容不完备及签订合同的手续不完整等现象。

(一) 劳动者与用人单位未签订劳动合同

劳动者与用人单位未签订劳动合同的原因主要有:

1.劳动者认为只要能打工挣钱就可以,要合同干什么用。

2.劳动者认为劳动合同是“卖身契”,订了合同就不能变更与解除了,还是不签的好。

3.用人单位认为,现在劳动力供大于求,他要走,让他走好了,签什么合同。

劳动合同

甲方(用人单位)＿＿＿＿＿＿ 法人代表＿＿＿＿＿＿＿

地址＿＿＿＿＿＿ 电　话＿＿＿＿＿＿＿

乙方(劳动者)＿＿＿＿＿＿ 身份证号码＿＿＿＿＿＿

住址＿＿＿＿＿＿ 电　话＿＿＿＿＿＿＿

根据《劳动法》及其他有关法律规定,甲乙双方在平等自愿、协商一致的基础上达成如下协议:

一、合同期限

本合同自＿＿＿年＿＿＿月＿＿日起至＿＿＿年＿＿月＿＿日止。其中试用期自＿＿年＿＿＿月＿＿＿日起至＿＿年＿＿月＿＿＿日止。

二、工作内容

甲方安排乙方从事＿＿＿＿＿＿＿＿＿(岗位)工作。乙方同意承担该岗位的各项工作内容。乙方在生产(工作)上应达到的数量、质量指标＿＿＿＿＿＿＿＿＿＿＿＿＿＿＿＿＿。

三、劳动保护和劳动条件

甲方应为乙方提供符合国家规定的劳动保护设施、劳动防护用品及其他劳动保护条件。乙方应严格遵守各项安全操作规程。

四、劳动纪律

乙方应严格遵守甲方依法制定的各项规章制度,做到遵纪守法。

五、劳动报酬

1.乙方提供了正常劳动,甲方应支付不低于国家规定的最低工资标准。

2.甲方应按国家规定支付乙方工资,不得无故拖欠、克扣。

3.甲方支付给乙方的工资标准为＿＿＿＿＿＿＿＿＿＿。

六、保险福利待遇

乙方因工负伤或患职业病,其医疗费用及期满后的经济补偿等按当地的规定标准执行。

七、合同的变更、解除和终止

1.甲方因转产、调整生产项目,或者由于客观情况变化,经甲乙双方协商同意,可以变更劳动合同的相关内容。

2.劳动合同的解除、终止按《劳动法》有关条款执行。

八、违约责任

本合同一经签订即具有法律效力,双方必须严格执行。任何一方违反合同,给对方造成经济损失的,违约方根据其后果和责任大小,赔偿对方的损失,具体赔偿方法＿＿＿＿＿＿＿＿。

九、甲、乙双方需约定的其他事项＿＿＿＿＿＿＿＿＿＿。

十、附件 甲方《员工守则》是本合同的组成部分。

甲方(法人代表签章)　　　　　乙方(劳动者签章)

＿＿＿＿＿＿＿＿＿　　　　　　＿＿＿＿＿＿＿＿＿

＿＿＿鉴字＿＿＿号　　　　　　签订日期 ＿＿＿年＿＿月＿＿日

(鉴证机关章)　　　　　　　　　鉴证日期 ＿＿＿年＿＿月＿＿日

(二) 双方签订劳动合同但未鉴证

劳动者与用人单位签订劳动合同后，未鉴证的原因主要有：

1.劳动者或用人单位怕麻烦；

2.用人单位担心劳动行政部门审查不合格,不予鉴证。

因为:①合同有关条款欠具体明确;②用人单位对劳动者要求过于苛刻；③合同中有违反规定的条款，特别是收取押金或变相收取押金的约定。

关于劳动合同鉴证，除劳动者与外商投资企业签订的劳动合同必须在签订后一个月内到当地劳动行政部门鉴证外，其他劳动合同是否鉴证由劳动者与用人单位协商决定。未鉴证的合同与鉴证的合同一样,同样具有法律效力。若未鉴证的合同中有违反劳动法的条款，则该条款无效。确认合同部分无效，若不影响其余部分效力，其余部分仍然有效。

劳动者与用人单位在签订劳动合同时，合同文本一般是由用人单位提供的。用人单位为阻止熟练工人"跳槽"，一般要在合同中提出收取押金，或变相收取押金(如培训费、保证金、风险金、抵押金等)的约定。面对这种合同,劳动者若签，就意味着多交押金，若不签就可能得不到这份工作。是否签订,劳动者应根据自身条件，慎重考虑决定。

沿海某中外合资企业到内地招20名计算机应用专业的应届中专毕业生。据介绍,该企业产品行销国际市场,在试用期内工资就达每月1000元,工作条件是现代化的,外方管理也是超级的,企业效益好,很有前途,同学们纷纷争取。该企业在重庆某中专学校选中学生后,即与毕业生签订劳动用工合同,合同中规定每生需交保证金2000元人民币。这时想签合同的学生就犯愁了,因为中专学习期间的花费已给家庭带来了困难,而自己又身无分文,交2000元保证金太困难了,但又不愿放弃这一就业机会。这时用人单位安抚说:保证金在合同期满时要退还给你们,因为你们来我企业,我们要将你们安置在重要的岗位上,要将大量的国外先进设备等物资交与你们使用、保管,怕有丢失,为了使你们增强责任心,不得不这样。于是毕业生们八方筹措资金,交纳该费。这样的规定合法吗?

四、劳动合同的变更、解除和终止

劳动合同订立后,在一定条件下是可以变更、解除的。

(一)劳动合同变更的条件

(1) 订立合同时依据的法律法规已经废止;

(2) 企业转产;

(3) 企业严重亏损或发生自然灾害,确实无法履行义务;

(4) 当事人双方协商同意;

(5) 法律允许的其他情况。

(二)劳动合同解除的条件

1.用人单位提出解除合同的条件

(1) 劳动者有下述情形之一,用人单位无需

以任何形式提前通知劳动者,即可
以同劳动者解除劳动合同。

①在试用期间被证明不符合录
用条件的;②严重违反劳动纪律或
者用人单位规章制度的;③严重失
职、营私舞弊,对用人单位利益造成
重大损害的;④被依法追究刑事责
任的。

(2)有下列情形之一的,用人单位可以解除
劳动合同,但是应当提前30日以书面形式通知
劳动者本人,以使劳动者有所准备。

①劳动者患病或者非因工负伤、医疗期满
后,不能从事原工作也不能从事由用人单位另
行安排的工作的;②劳动者不能胜任工作,经过
培训或者调整工作岗位,仍不能胜任工作的;③
劳动合同订立时所依据的客观情况发生重大变
化,致使原劳动合同无法履行,经当事人协商不
能就变更劳动合同达成协议的。

(3)用人单位生产经营情况恶化,还可以有
条件地解除劳动合同。劳动法规定:用人单位濒
临破产进行法定整顿期间或者生产经营状况严
重困难,确需裁减人员的,应当提前30日向工会
或者向全体职工说明情况,听取工会或者职工
的意见,经向劳动行政部门报告后,可以裁减人
员。

用人单位解除合同后,单位还需根据劳动
者在本企业的工作年限,工作时间每满一年发
给劳动者相当于1个月工资的经济补偿金。

2. 用人单位不得解除合同的条件

劳动者有下述情形之一的,即使劳动合同期满,劳动者仍有权依照原劳动合同享受社会保险待遇,用人单位不得解除劳动合同。

①患职业病或因工负伤并被确定丧失或者部分丧失劳动能力的;②患病或者负伤,在规定的医疗期内的;③女职工在孕期、产期、哺乳期内的;④法律、行政、法规规定的其他情形。

3. 劳动者提出解除合同的条件

(1)有下列情形之一的,劳动者可以随时通知用人单位解除劳动合同。

①在试用期内的;②用人单位以暴力、威胁或者非法限制人身自由的手段强迫劳动的;③用人单位未按照劳动合同约定支付劳动报酬或者提供劳动条件的。

(2)劳动者由于主客观原因不愿在该单位继续工作,可以提前30天以书面形式通知用人单位解除劳动合同。但是,劳动者如果违反本法规定的条件解除劳动合同,或者违反合同中约定的保密事项,对用人单位造成经济损失的,应当承担赔偿责任。

(三)劳动合同终止的条件

具备下列条件之一,劳动合同终止:

(1)劳动合同期限届满;

(2)企业宣告破产或撤销;

(3)劳动者达到法定的退休年龄；

(4)劳动者完全丧失劳动能力或死亡；

(5)法律法规规定的其他情况。

赵某经双向选择与××电子公司签订了用工劳动合同，期限三年，试用期3个月，试用期工资每月300元，之后每月500元。合同生效时间是当年8月15日，若一方违约，处以3000元违约金与另一方。赵某开始工作后，因工作积极、业务内行，成效突出，颇受公司重用。赵某在10月国庆长假后，同学介绍了另有单位工资和工作条件较此为优，即向电子公司提出解除劳动合同的要求。公司认为，自己按约安排好了赵某的工作并明确了工作室、计算机等设施和工作项目，不同意解约。赵某坚持解约，公司则提出，实在要走人，则依照合同要求赵某支付3000元违约金和赔偿公司损失若干。双方争执不下，申诉到劳动争议仲裁委员会。

本案法律问题有：(1)劳动者解除劳动合同的权利规定。(2)"试用期"的法律含义。

周某1995年毕业后分到××机械厂，双方签订了为期三年的劳动合同，属合同制工人，职务为质检科质检员。1996年初，周某无视劳动纪律，多次违反制度，虽经多次教育，仍我行我素。1996年6月，厂长通知周某下车间劳动，待今后对违纪行为有正确认识后再从事质检员工作。周某当即表示：若要调出质检科就解除合同。厂长表示，你属我厂职工，就得听从组织安排，合同不能随你任意解除，如不服从调动，就不要来上班。第二天起，周某停工在外，多次到厂协商，均遭厂方拒绝。1997年初，厂方以周某连续旷工7个月为由，予以除名。周某不服，申请劳动争议仲裁，并要求厂方赔偿停工损失。

本案法律问题有：(1) 机械厂能否单方决定调周某到车间劳动。(2)周某请求解除合同是否成立？(3)对周某除名，是否合法？

第三节 劳动争议的处理

许进向工作单位递交辞职信后便离开了单位,但过了不久,许进却收到了除名通知。许心里很不服气,便向法院起诉,要求讨个说法,但法院不予受理。

妥善处理劳动争议,对于保障企业与劳动者的合法权益,维护正常的生产经营秩序,发展良好的劳动关系意义重大。因此,作为职校生了解劳动争议处理的办法是十分必要的。

一、什么是劳动争议

劳动争议,是指劳动关系当事人即用人单位与职工之间就劳动权利、义务所发生的纠纷。劳动争议亦称劳动纠纷或劳资纠纷。

按照《劳动法》的规定:

1.发生劳动争议当事人必须是用人单位(包括个体经济组织、个体户)和与其有劳动关系的劳动者。如果当事人不是用人单位与劳动者,而是用人单位与用人单位或劳动者与劳动者,那么彼此之间的争议就不属于劳动争议。

2.劳动争议的内容必须是有关劳动权利、义务方面的。具体包括:

. 162 .

(1)因企业开除、除名、辞退职工和职工辞退、自动离职发生的争议；

(2)因执行国家有关工资、保险、福利、培训、劳动保护的规定发生的争议；

(3)因履行劳动合同发生的争议；

(4) 法律法规规定应当依照本条例处理的其他劳动争议。

二、劳动争议的处理

劳动争议发生后，当事人应当按照下列基本程序请求解决：

1.双方自行协商解决。双方通过协商方式自行和解，是当事人应首先争取解决争议的途径。当然协商解决是以双方自愿为基础的，不愿协商或者经过协商不能达成一致，当事人可以选择调解程序或仲裁程序。

2.调解程序。当事人可以向本单位劳动争议调解委员会申请调解。调解是自愿的，只有当事人双方同意调解，调解委员会才能受理该案件；当事人可不经过调解而直接申请仲裁。另外，工会与用人单位因履行集体合同发生争议，不适用调解程序。

3.仲裁程序。若经调解当事人双方达不成协议，当事人一方或双方可向当地劳动争议仲裁委员会申请仲裁。当事人一方也可以在劳动争议发生之日起60日内直接向劳动争议仲裁委员会申请仲裁。除因签订集体合同发生的争议（目前是由劳动行政部门会同有关方面进行协

用人单位调解委员会是由职工代表、用人单位代表、用人单位工会代表三方组成。主任由工会代表担任。

调处理,不适用仲裁程序)外,仲裁程序是强制性的必经程序,未经过仲裁程序的劳动争议案件,人民法院将不予受理。

4.法院审判程序。当事人如果对仲裁裁决不服的,可以向当地基层人民法院起诉。目前法院是由民事审判庭依民事诉讼程序对劳动争议案件进行审理,实行两审终审制。也就是当事人若不服一审判决,仍可向上级法院上诉。法院审判程序是劳动争议处理的最终程序。

1997年3月,陈某已在××商场(集体性质)工作了8个月,合同期为两年,工作是卖钟表的营业员,工资每月350元,另有规定的销售提成奖。在工作过程中,商场的经理认为陈某经常迟到,站柜不认真,有时看小说,于是向陈指出。陈说进城道路塞车严重,且又在改造道路,只是偶有迟到,情有可原,并不影响正常的开门营业时间,同时否认了看小说等行为。恰有另一应聘者前来,被经理看中,认为比陈更适合该工作,就找陈谈了要辞退他的事。陈年轻气盛,在双方争吵后,就在辞退协议上签了字,生效期为1997年3月19日。3月18日,陈上班交接往来货物、账目。进行清点盘存时,不小心被柜台突出的铝边将其裤子挂住,当场摔倒,头部落地,血流如注,马上送医院诊断,属颅脑损伤。治愈后花去15000元人民币,并经鉴定不能再从事脑力劳动,陈为此要求商场赔偿。发生劳动争议纠纷后,先到劳动仲裁委员会仲裁。仲裁认为双方当时劳动关系已结束,没有进行合同之内的工作,而是盘存、清点、交接工作,摔倒责任主要由陈一人承担,单位只负其工资等责任,不负伤残的赔偿责任。陈某对此不服,依法诉诸人民法院审理。

本案法律问题有:(1)企业解除劳动合同时要不要对劳动者进行经济补偿? (2)劳动者在工作岗位上受伤、患病等,企业该怎么办?

第六章

在工作中谋求发展

获得职业，
并不是就有
了铁饭碗。

在就业竞争十分激烈的今天，我们不仅工作，还
要学习，以谋求新的发展。

1.进一步了解就业后试用期的要求和应注意问题。
2.理解安全文明生产与提高产品或服务质量的意义。
3.懂得谋求发展的方法与策略。

第一节 顺利度过就业试用期

面试后，同学们对招聘单位规定的三至六个月的试用期很不理解，认为自己既有职业学校毕业文凭，又有上岗证，为什么还要有试用期呢？假如你是一个应聘者，你认为用工企业规定三至六个月的试用期合理吗？

你打算如何度过试用期？

职业学校毕业生在求职成功后，如何尽快适应新环境，使自己成为一个合格的企业员工，这是每个毕业生面临的人生课题。

一、要经得起用人单位的进一步考察

职业学校毕业生经过面试被用人单位录用后，用人单位一般要求被录用者到单位试用一段时间。在试用期内，用人单位还要对试用员工的素质、能力等作进一步考察。这种考察包括在工作岗位上的学习态度、工作态度、实际操作水平和工作之余的言行举止，以及对不计报酬的义务劳动的态度等。因此，用人单位往往会在试用员工就业初期安排其参加一些义务劳动，比如临时搬运货物、打扫公共场所的卫生等。有的同学对这种考察不理解，特别对参加义务劳动更认为是"欺生客"。实际上这种理解与认识都是不正确的。试用期不仅是用人单位对试用员工的进一步考察，也是员工对单位的进一步了解。在这个时期里，仍然是求职者与用人单位之间双向选择的继续。一般来说，这个选择权用人单位大于求职者，这是当前严峻的就业形势所决定的。因此，职业学校毕业生在就业初期要充分认识试用期的意义，要积极工作，努力发挥自己的才能，接受用人单位的进一步考察。

尽管大多数用人单位的试用期为3个月。但是，大多数用人单位主管在1个月内就能判断出求职者是否真正适合要求。所以，被试用者要有"一个月见分晓"的时间概念，每当遇到困难和失误时，都不能以"我是新来的"为托词，推卸责任，而应从进入新单位的那一刻起，就进入角色，担当起工作责任来。自己做好了自己该做的工作，也为顺利度过试用期，打下了成功的基础。

二、就业初期的注意事项

（一）不要计较试用期待遇的高低

在试用期间，用人单位一般只发给劳动者

基本生活费（基本生活费的发放形式是多种多样的），这是合理的。因为劳动者在就业初期，由于技术不熟练，甚至是根本不会，需要有一个学习过程，在这个过程中势必要造成一定的原材料的浪费及机器设备损耗的加剧。同时用人单位还要投入人力、物力对试用员工进行培训。因而，在这一

一个月只有这么点生活费我能坚持吗？

期间内，试用员工为用人单位创造的真正价值很可能还小于基本生活费。所以职业学校毕业生在就业初期不能期望得到与老员工一样多的劳动报酬，更不能与高学历、高技术的员工攀比待遇。试用期在人的职业生涯中是一个极短暂的时期，不要计较在这短时期内的得失，要用长远眼光看企业的发展，看自己能力水平的提高。只有当企业发展了，自己的能力水平提高了，待遇才会提高。再说，由于就业竞争激烈，有的同学也许在毕业后还一时难以找到相应的职业，而自己却能在企业里学习与锻炼，这不是很好吗？

（二）对工作岗位要任劳任怨不可挑三拣四

用人单位在安排新员工工作岗位时，一般是根据招聘者在面试时所了解的情况来安排的。当然由于面试是初次接触，了解不一定全面，因而安排的岗位也不一定适当。另外，也许用人单位为了进一步考察，而有意安排一个最

苦、最累的岗位以锻炼试用员工。因此,职业学校毕业生在就业初期不能对工作岗位挑三拣四。对待主管指派的事情,不论大小,如打水、扫地、接待客户、谈判等,都要认真对待。尤其是在小事上要赢得主管的信任,才能有机会承担更复杂的重任。

另外,在就业初期,切不可有嫉妒心理,自感工作岗位不如别人。而要通过一段时间的工作,把自己的才能有所展示时,才可向主管人员陈述你的理由,提出你的合理建议,待人事部门商量确定后,才能更换工种或工作岗位。若一时不能更换,也不应产生灰心情绪,更不能打退堂鼓,应等待机遇的到来。

【多沟通】
假如你就业后,初次安排的岗位不如意,你将会怎么办?
————————
————————

(三) 融入企业文化

一般每一个企业或用人单位都有自己企业的文化理念。进入一个新单位,首先要学会用该单位的主客观眼光看待自己的工作角色,从而强化自己对该单位与工作的认同感。只有这样,被试用者才能真正释放出自己的才华与激情。

(四) 其他注意事项

在就业初期,职业学校毕业生除不要计较试用期工资待遇的高低、工作岗位的好坏以及接受用人单位的进一步考察外,还要注意以下几点:

1.防止"从众"心理的产生

新员工的试用期实际上仍是双向选择的继续。通过一阶段试用后,有的

同学就会产生"这个单位不适合我,我要走人,去重新择业"的想法。若真的不适合你,你要重新择业,当然是可以的。但千万不能以你的想法去影响其他同学,因为这个单位对你不合适,但对其他同学却可能是适合的,更不能有"你留我留,你走我也走"的从众心理。一个单位是否适合,要根据自己的职业素质、职业环境以及自己对报酬的期望值等因素来确定,而不是盲目地跟随他人。

【多沟通】
在学校,你是否属于"随大流"的人?
_____

2. 防止急于求成

许多毕业生自认为自己既有中专文凭,又有专业技术等级证书和上岗证书,因此在就业初期,若工种与专业对口,往往急于要独立上岗操作,在操作过程中遇到问题与困难也不善于请教。这是不正确的。因为,第一,目前许多中小型企业对新员工的培养仍采用以师带徒的形式。职业学校毕业生,在就业初期,应虚心向师傅学习。学习的内容包括:产品的工艺、流程,本岗位的操作规程,安全文明生产知识,机器设备的保养、维护和简单故障的排除等等,做到勤问、多干。只有这样老师傅才会接纳你、指导你,才能使自己顺利度过试用期,甚至提前结束试用期。第二,课堂上所学的知识是基本知识,它与企业生产实际所需的技术是有差异的,特别对于专业性强的生产企业更是不能满足。职业学校毕业生在就业初期还需进一步学习岗位知识与技能,才能独立上岗操作。在这个学习过程中遇到困难与挫折,也是在所难免的,当然应努力加以克服。

3.要善于辨别老员工对就业单位的评价

很多单位招聘新员工，并不是由于单位缺少人手，而是希望通过招聘新员工、培养新员工、分流老员工来提高单位员工的整体素质，以适应现代社会的要求。在这个过程中，新员工的培养有时还要依靠老员工来完成，待新员工成为熟练工后，很有可能带你的师傅就要被分流。在这种情况下，老员工很自然会说自己所工作的单位这个不好，那个也不好，其目的是希望新员工不要在这个单位就业，以保住自己的饭碗。所以对工作单位的印象，是否真的像老员工所说的那样呢？还是要通过自己的观察与分析来确认，不要轻易相信别人的评价。

案例思考

某职业学校机电专业毕业生程功(班长)，经双向选择被录用在xx集团公司冷轧车间。报到后，其他同学均被分配在有一定技术要求的岗位，而程功则被安排在各工序之间做一名半成品的运输工人。当时，程功真想不明白，但仍坚持努力工作，且虚心向各岗位的师傅学习。试用期满后，程功被任命为车间主任助理。

4.要善于用法律维护自己的权益

有的用人单位为了达到不缴或少缴社会保险费(养老、失业和医疗保险费)、压低劳动者的报酬(所谓的试用期工资)、低成本轮换使用劳动力的目的，压根儿就不想让求职者成为本单位较为长期固定的职工。在这种情况下，被试用者的表现再好，也难以转正。所以，求职者要善于利用法律武器维护自己的权益。在试用之前就签订好正式的劳动合同，在劳动合同中依法约定试用期限，试用合格者，用人单位不得以任何借口辞退被试用者。如果用人单位不按《劳动法》办事而使自己的权益受到侵犯，应向劳动监察部门反映，依法维护自己的合法权益。

三、实现角色转换

职业学校毕业生在获得职业后，要想使自己尽快成为合格的员工，就应及时调整自己的观念和行为习惯，同时在新的环境中建立新的人际关系，以实现从学生到员工的角色转换。

(一) 及时调整观念与态度

学校与企业是不同的。职业学校学生一旦离开校门走向社会，其身份已发生变化，因此，要及时调整自己的观念。例如：有些学生在获得职业的同时，希望在不同的岗位上多学些技术，这种愿望是好的，但是生产企业与实习工场是不同的，生产企业要求员工在自己的岗位上保质保量地生产产品，以获得收益。因此，毕业生在就业后，不可能在不同的岗位上学习各种技术。只有在安心本职工作、做好本职工作的前提下，寻求发展。再如：毕业生在就业后的处事态度与在学校的处事态度是不同的。在学校是学生、是受教育者，在就业单位是生产者、是社会人，这就要求学生在就业以后的处事过程中，独立思考，独立完成。

(二) 及时调整生活习惯与行为规范

学校的生活规律与企业的生活规律是不同的，特别是生产连续性强的企业工作时间是实行"三班倒"的。即使不实行"三班倒"的企业也会出现加班等情况，这是企业根据生产需要所决定的。毕业生在就业后，应及时调整自己的生活习惯，使之与企业生产要求相适应。学生有学生的行为规范，员工有员工的行为规范，学校的行为规范与企业的行为规范是有区别的，即使是企业，不同类型的企业的行为规范也是有差别的。毕业生就业后，应严格按照就业单位的行为规范严格要求自己，努力使自己成为一个合格的员工。

(三) 建立良好的人际关系

职业学校毕业生进入单位后，面对生疏的环境和不认识的人，有的同学感到苦恼，有的同学感到困惑与茫然。职业学校毕业生在就业初期如何与领导、老员工进行正常的交往，建立良好的人际关系，不仅关系到毕业生能否顺利度过就业初期，而且关系到将来的发展。如何建立良好的人际关系，要做的方面很多，下面仅从三个基本方面谈一谈。

1.有自知之明，即把自己放到恰当的位置。要做到自知之明，须注意以下几点：一是要有正气。别人的好感只能从自己本身良好的形象和文明的言行中产生。对自己既不随意"放大"而恃才自傲，也不过分"缩小"而胆怯自卑。二是诚

【多沟通】
对照职校生的行为规范，想象一个企业的职工行为规范。_____
_____
_____

人际关系的基本原则是：平等、团结、互助。

. 173 .

为万事之本。为人一定要诚恳，要使别人信赖你，觉得可靠，这是被人了解和受人欢迎的开端。而说谎做假，即使偶尔一次，也会大大损害自己的形象。三要拓宽知识面，可以说，没有一个人愿意和一个对自己毫无帮助的人打交道。有了丰富的知识，在人际交往中更能增强吸引力。四要乐于助人。无论是见危相救，还是慷慨解囊，都会使受助人或旁观者触发好感。

2.要有知人之明，即把别人放到一个恰当的位置，做到尊重他人。尊重他人要注意以下四个方面：一是尊重对方要诚恳。一般来说，试用期对他人表现出尊重并不难做到，但一定要从内心深处明确地认识到别人是值得并应该受到尊重的，这样的尊重才不会浮于一种表面的礼让谦卑上。如果"尊重"不是"发乎于内"，就会被有阅历的人明察秋毫，继而对你产生虚伪或不坦诚的印象。二是要注意平等待人不厚此薄彼。不要见到领导就满脸堆笑，与平级交往就不冷不热，不言不语。对待上级与平级的态度反差太大，只会让领导、同事都认为你不是一个作风正派的人。三是对别人的长处应持赞赏的态度。要善于从别人的长处中看到自己的不足，从别人的成绩中看到自己努力的方向，切忌用嫉妒、不满的目光去看可能超过自己的"对手"。四是注意赞扬别人，尤其要会恰如其分地赞扬他人。

3.热情随和。做到待人热情、大方，讲究礼仪，为人随和宽容，既能容忍别人偶尔的失礼，也能容纳误解导致的委屈。待人热情随和能给

【小调查】

你在学校的人际关系如何？_____

你有人际交往的记录吗？_____

_____

. 174 .

人亲近的感觉,大家会乐于与你交往,觉得彼此相处愉快、轻松,并且别人还往往认为你有协作意识及协调能力。

第二节　安全文明生产与质量效益观

医化专业实习生朱某,在x集团公司下属化工厂实习,在上大夜班时,由于责任心不强,致使反应釜超压爆炸,幸好没有造成人员死亡。

机电专业毕业生任某,经双向选择在Y集团公司下属印刷厂担任机修工,某天在修理印刷机时,由于未切断电源,在修理过程中印刷机突然转动,任某被活活轧死。

一、安全文明生产

安全文明生产既是社会化大生产的客观要求,又是建设高度的物质文明和精神文明的需要。对于刚参加工作的毕业生来说,做到安全文明生产,不仅有利于从学生到企业员工的角色转换,也有利于今后的发展。

(一)安全生产

安全生产就是要保证人和机器设备在生产中的安全。只有保证人和机器设备安全,企业的生产经营活动才能顺利进行。因此,要求企业员工做到:

《中华人民共和国安全生产法》自2002年11月1日起施行。

1.充分认识安全生产工作的特点

安全生产具有以下特点:

(1)预防性。安全生产工作必须做在事故发生之前,它要求企业全体人员树立"预防为主"的思想。

(2)长期性。企业只要生产经营活动还在进行,就有不安全的因素存在。因此,安全生产是一项长期的、经常的、艰苦细致的工作。

(3)科学性。安全生产有它的规律,各种安全制度规程都是经验的总结。只有不断学习有关安全知识,才能掌握安全生产的主动性。

(4)群众性。安全生产是一项与全体员工切身利益相关的工作,只有人人重视安全,安全才有保证。

2.积极协助企业做好劳动保护

劳动保护是企业为了保护劳动者在生产中的安全和健康,在改善劳动条件,预防和消除工伤事故、中毒和职业病等方面所采取的各种组织措施和技术措施。

劳动保护是企业为劳动者在生产中提供的安全措施,作为企业的员工,应积极协助企业做好劳动保护工作,比如发现劳动保护设施损坏应及时报告主管部门,在生产中发现隐患应提出改进或加强劳动保护的合理化建议,以及注意劳逸结合,以保证有充沛的精力投入生产经营活动。

3.严格执行安全生产责任制

安全生产责任制,是岗位责任制的一个组成部分,是安全管理的一项基本制度。作为企业的员工应自觉遵守规章制度和劳动纪律,严禁违章操作,爱护和正确使用机器设备、工具和

遵守劳动纪律是现代劳动者必备素质。

个人劳动保护用品，积极参加有关安全生产的各项活动。

4.认真学习安全技术知识

安全技术知识包括一般生产技术知识，安全技术知识和专业安全技术知识。一般生产技术知识包括：企业的基本生产概况，生产技术过程，作业方法，各种机具设备的性能，工人在生产中积累的操作技能和经验，以及产品的构造、性能和规格等。安全技术知识包括：危险设备、区域及其安全防护基本知识，有关电器设备的基本安全知识，起重机械和厂内运输的有关安全知识，有毒有害物质的安全防护基本知识，消防制度和规则，个人防护用品的使用知识等。专业安全技术知识包括：工业卫生技术知识和专业的安全技术操作规程、制度。例如，锅炉、受压容器、起重机械、电气焊接、防爆、防尘、防毒、噪音控制等。

企业员工只有掌握安全生产的科学知识，才能提高安全操作水平，保证生产的安全。

(二) 文明生产

文明生产是指按照社会化大生产的客观要求，科学地从事企业的生产经营活动。在社会主义现代企业里，讲究文明生产是一件十分重要的事情。首先，它关系着物质文明的建设。现代化企业的生产过程，是由具有科学技术知识的人，掌握和运用机器和机器体系，按照大生产规律的要求，使劳动对象发生物理、化学的变化，

一年一度的"全国安全生产月"活动在何时开展？你知道开展"安全生产月"活动的目的吗？

安全生产是文明生产的重要基础和保障，文明生产是安全生产的更高发展。

生产出物质产品,同时排出废弃物的过程。人们只有遵照社会化大生产的客观要求,执行各项规章制度,进行生产活动,才能获得预期的结果。这就是说,企业的生产,只有讲文明、讲科学,才能生产出真正的物质财富。其次,它关系着精神文明建设。文明生产体现一种厂风,表现一种求新、进取、奋发向上的精神。对于企业员工来说,要不断增强事业心和高度的责任感,爱护企业的利益,团结新老员工,敢于同不文明的现象作斗争;努力掌握本岗位的"应知"、"应会"知识,在自己的岗位尽自己的职责;在生产经营中做到"四个一样",即在工作中,认真做到夜班和日班一个样,坏天气和好天气一个样,领导在场与不在场一个样,有人检查与没人检查一个样;上班前后应搞好工作场地、机器设备的卫生,工作之余应保持公共区域环境整洁卫生,积极参加厂区环境绿化等活动。

尝试活动

到学校附近企业做一次调查,调查内容:(1)该企业安全文明生产的制度;(2)该企业是否有伤亡事故发生,若有,其产生的原因是什么?

二、以质增效

生活讨论

李某与张某均是职业学校毕业生,同在xx公司A车间从事相同的工作。李某工作仔细认真,严格按照工艺要求进行生产;张某工作马虎,只求数量,不讲质量。月底结算工资时,李某虽在产量上不及张某,但实际收入却高于张某。你知道这是为什么吗?

(一) 产品质量的概念

产品可分为有形的产品和无形的产品两种。有形的产品如各种已加工好的或正在加工过程中的成品、半成品、零部件、建筑工程、市政设施等；无形的产品包括各种形式的服务，例如修理、商贸、旅游、餐宿、通信、电讯、运输等。

什么是产品质量？世界著名的质量管理专家朱兰博士，从用户使用要求出发，把产品质量的定义概括为产品的适用性，并以此来衡量产品在使用过程中成功地满足用户要求的程度。当然"适用性"是应由用户来评定的，而不能只凭制造厂、经销商和修理部门来评定。

我国国家标准把质量定义为："产品、过程或服务满足规定或潜在要求（或需要）的特征和特性的总和。"这个定义，既包括有形的产品，也包括无形的产品；既包括满足现在规定的标准，也包括满足用户潜在的需求；既包括产品的外在特征，也包括产品的内在特性。而且，从某种程度上来讲，这个定义包括了产品的适用性和符合性的全部内涵。完整地理解和掌握国标的质量定义，可以把产品质量概括为：符合规定要求，满足用户期望。

(二) 提高产品质量的意义

1.质量与人们生活息息相关

在工业发达的今天，质量已成为保障人们日常生活安全与幸福的大堤。武器的质量关系到一个国家的防卫实力；药物、食品、家用电器

质量问题是个战略问题。优质能给人们生活带来方便与安乐，能给企业带来效益与发展，能够不断提高个人的收入水平。

产品质量就是产品符合规定要求的程度。
——克劳斯比（美国质量管理专家)

产品质量是由制造者决定还是由检验者决定？

的质量关系到人们的健康、安全、舒适与方便、还有飞机、火车、汽车、房屋、电梯、道路、电话、通信……所有的质量都无不与人们的生活紧密相关。社会上的任何人都时时刻刻离不开质量。因为每个人在生活与工作中都要使用各种物品,而这些物品的质量优劣,会直接影响到人们的生活状况与工作成效。诚然,每个人都希望自己的各种用具有满意的质量。

2. 质量是企业的生命

每个企业都希望能争取更多的用户,占领更大的市场,在竞争中求得生存并不断地兴旺与发展。企业间竞争的焦点就是质量。质量好的企业在竞争中就会不断发展,质量差的企业在竞争中就将被淘汰,企业只有把质量放在第一位,一丝不苟,精益求精,才能在竞争中赢得胜利,为国家为人民做出更大的贡献,才能提高企业职工的收入和改善职工的生活福利。

与此相反,有的企业由于不重视产品质量,不重视质量管理,致使在制造、包装、储运过程中出现了大量的不合格品,需要大量的返修或大幅度降价销售,有的甚至报废,这样势必会严重降低企业的经济效益,也给国家带来经济损失。

对一个企业来说,它既是生产者,又是消费者;它既给自己的用户提供产品,自身又要使用其他企业的产品。因为任何一个工业企业都需要有各种各样的原材料、零部件,使用各式各样的工具仪器、机器设备、消耗燃料动力等,这些都要靠其他企业提供。而这些原材料、零件部

在日常生活中,你是否遇到过物品质量或服务质量不满意的事。当时你的想法是_____
_____

. 180 .

件、工具仪器、机器设备、燃料动力等的质量又直接影响着这个企业的生产与效益。一般来说，企业要提高经济效益，一方面，要尽量扩大自己的销售，增加销售产品的金额；另一方面，要尽量减少自身的各种消耗支出。而这在很大程度上取决于其他企业所提供零部件、原材料、机器设备、燃料动力等的质量情况。如果其他企业所提供的零部件、原材料、机器设备、燃料动力等都做到了质优价廉，无疑能提高本企业的经济效益。反之，如果所提供的零部件、原材料、机器设备、燃料动力等都是质次价高，那么肯定会大大降低本企业的经济效益；严重的甚至还会危及本企业产品的质量与信誉，以至于危及本企业的生存。可见，如果企业的职工都能"从我做起"，努力提高产品质量，互相提供物美价廉的产品，那就会实现良性循环，彼此受益。如果都站在本企业局部利益的角度，不注意产品质量，向其他企业提供质次价高的产品，那就会互相转嫁负担，引起不良循环。因此，提高产品质量，人人有责。对于社会主义企业来说，这不仅是本企业求生存、求发展的需要，而且也是对全社会所承担的义不容辞的光荣职责与义务。

3.质量是国民经济的基础

一个国家国民经济水平的提高，一般都是用数量的增长幅度来表示。但如果没有质量保证的基础，这个数量的增长是没有实际意义的。比如，所有生产灯泡的工厂，都把灯泡的产量在过去的基础上增长了一倍，那么整个国家的灯泡总数量也就增加了一倍，国家的财富也就应当相应地增加。但这只是在灯泡质量稳定的情况下才能成立的推论。如果灯泡的质量下降了，上述的推论就不成立了，特别是灯泡的寿命大大地降低时，社会财富不仅不会相应地增加，反而会减少，甚至造成极大的浪费。如果灯泡的

使用价值提高很多，那么即使产量没有增加，但由于灯泡的使用价值提高了，也就相当于增加了大量的财富。用户花费同样的钱财，却得到了更多的实效，就等于增加了用户的实际收入。如果能再进一步发展品种，提高产品的性能，社会经济效益还会更好。如以白炽灯泡的亮度而言，每瓦亮度为8到10个流明。同样瓦数的日光灯，可以提高到5倍；钠灯的亮度可以达到白炽灯的10倍；现在研制成功的低压钠灯，亮度则达到了白炽灯的20倍。同样的电量消耗，而亮度增加了这么多倍。如果使用寿命得到延长，那么这样的一个灯泡不就相当于过去的几十个灯泡的使用价值了吗？又如，制造铁路货运车皮的钢材，由于质量显著地提高了，性能好、耐腐蚀，因此钢材价格可能稍高了一些，但由于每节车皮可以少用2.2吨的钢材，制造每节车皮的费用可能和过去相差无几，但使用寿命却延长了很多，既省工又省料，相当于增加了社会财富。由于自身重量减少了，又相应地增加了每节车皮的货运量。按1节车皮1年运行15万公里来计算，那么，每10

万节车皮就可以为国家增加330亿吨公里的货运量。使用这样的钢材，每制造10万节车皮时，就相当于多制造出近万节车皮来，这是多么好的社会经济效益呀！

产品质量、数量、效益三者有关系吗？

同时，产品质量又直接关系到国家的出口创汇能力。如果产品质量差，自然就很难出口创汇；没有外汇，便无法引进国外的先进技术与设备。反过来，它又影响到产品质量的提高，这是当前许多工业企业面临的一个严峻问题。当前，我们有相当多的工业产品，由于产品质量不能满足国际市场上的要求而不能出口，或产品质量还能适应国际市场的要求，但由于有关的一些因素，例如包装的质量、交货期的质量、储运的质量、服务的质量跟不上，使产品缺乏竞争能力而影响出口创汇。另一方面，国外的很多产品，由于有较强的质量优势，大量涌入了国内的市场，这又从另一个方面影响了国内产品质量的改善与提高，影响了国货的发展。这个问题不解决，经济效益就不能够提高，整个国民经济的发展就要受到影响。从这个角度来看，我们也可以毫不夸张地说，产品质量的优劣决定着我国改革、开放的成败，产品质量的好坏决定着我国四化建设大业的发展速度。因此，发展社会主义经济也要大力提高产品质量。

某五金工具厂的一项主要产品，在1982年曾荣获国家银牌奖，畅销国内外。1984年以后，由于该厂盲目追求产量与产值，放松了对保证产品质量的规章制度的认真执行，降低了质量要求，甚至把二级品当一级品出售。1985年上半年一级品合格率降低了一半,混级产品达100多万件,产品失去了竞争力,名声一落千丈。该厂1983年盈利为190多万元,而到1985年上半年则亏损了60多万元。到了7月份还是靠借贷才勉强给全厂职工发了工资。经过上级领导的批评和帮助,企业进行了整顿。新领导班子带领全厂职工下大力气进行整顿,进一步增强了质量意识,树立了质量第一的观念,经过一个时期的艰苦努力,使产品质量恢复到历史的最好水平,重新得到用户的信任,经济效益逐渐提高,企业又有了生机。

第三节　在工作中学习

就业指导老师在就业指导课上跟同学们说:当你获得职业以后,别忘了继续学习,为自己将来的发展做好准备。可是有的同学却不以为然,认为有了工作还学什么?一天工作下来,累都累死了,哪里还有精力去学习。作为职校生,你认为工作后是否还需继续学习?你打算学些什么,以什么方式去学习?

职业学校学生在获得职业以后,不要以为从此就一劳永逸了。在劳动力供大于求,就业竞争十分激烈的情况下,你还需在工作中不断学习,才能在优胜劣汰的竞争社会中立足,才能谋求发展。

一、树立终身学习的观念

终身学习,就是一辈子坚持学习。这种说法其实并不陌生,在我国早就有"活到老,学到老"的说法。

坚持终身学习。首先是生存的需要,在知识

【多沟通】

作为在校的职校生,你学习努力吗?你有终身学习的打算吗?

更新越来越快的今天,你不在工作中坚持学习,就要落伍,就要失业。其次是自我发展的需要,知识是竞争的核心内容,你要想在竞争的社会立足与发展就必须有优于他人的知识结构。再次,终身学习是提高自身全面素质的需要。人除了生存的基本需要外,还有自我完善的需要。这就需要人们在工作中坚持学习。每个人必须树立终身学习的观念,坚持不断学习,不断地调整、提高和发展自己。

二、学习内容

职业学校毕业生在获得职业后,还需继续学习,学什么呢?这要根据自己职业生涯规划中的阶段目标来确定。

(一) 学习与工作有关的知识与技能

由于职业学校的教育只是初步的基础教育,还不能完全满足企业生产实际需要。因此职业学校毕业生在获得职业之后,还需学习与工作有关的知识与技能,如企业的规章制度、安全生产知识、工艺操作规程、操作技能等等,以尽快使自己成为一名合格的企业员工。

(二) 为继续升学做准备

若职校生的职业生涯规划的阶段目标是:升入高一级学校深造,则他在获得职业之后,不仅要学习与当前工作有关的知识、技能,还要千方百计地抽出时间,温习升学考试所需知识。如语文、数学、英语等等。

(三) 为提高自身全面素质的综合学习

每一个人总有长处与短处，要在激烈的就业竞争中争取主动，就要注意学习，取长补短，在自我分析的基础上，全面提高自己的综合素质。为提高自身全面素质学习，因人而异地选择学习内容。

三、学习方式

终身学习的方式主要有自学、培训、升学等。

(一) 自学

自学是终身学习的主要方式。在学习过程中主要依靠自学能力，借助课本、计算机网络等实现。自学要有较强的自我约束能力，要虚心向他人求教，要持之以恒。

(二) 培训

由于培训的目的不同，其培训费用的出资途径也不同。一种是企业因工作需要选派其员工参加的培训，由企业出资，培训结束后应回原企业工作；另一种是劳动者为变换工种或工作单位，自己参加的培训，其费用由劳动者自己解决，培训结束后，在原工作单位劳动合同许可的情况下，可以重新择业。

(三) 升学

职业学校毕业生升学的途径很多，既可以参加"高职"、成人高校、普通高校入学考试，进入相应的高校继续深造(脱产学习或业余函授

【多沟通】

读书时，你是否注重自学能力的培养

_____

今后如何提高自己的自学能力_____

_____

学习），又可以参加高等教育自学考试，以取得高等学历。

总之，终身学习是时代的呼唤，是国家的要求，更应是青少年自我完善的需要。职校生在校期间要养成自学的习惯，掌握自学的方法，为毕业后的继续学习打下基础。

案例思考

旅游专业毕业的秦奋同学，在某三星级宾馆餐饮部上班，一段时间后，她觉得目前的工作不适合自己，决定回母校参加高考复习班继续学习。经过一年的复习考试成绩超过了录取分数线30多分，但由于竞争太激烈而落榜。为了生计她又去那家宾馆上班。她下班后坚持自学，并参加高等教育自学考试。半年后，她参加了本单位招聘管理岗位的考试，以优异的成绩被录用。

第四节　"跳槽"

生活讨论

某单位来校招聘新员工结束后，被录用的同学在悄悄地议论着：有的同学说，现在就业竞争那么激烈，我们职校生若有一个岗位，就应好好地干。有的同学说，先去做做看，若不理想就"跳槽"。假如你是一个被录用者，你是怎么想的？第二部分同学所说的"跳槽"是否真属于"跳槽"。

"跳槽"是当前变换工作的流行术语。它是谋求发展，最大限度地实现人生价值的重要策略。

先去做做看，若不理想就"跳槽"。

现在就业竞争那么激烈，我们职校生若有一个岗位，就应好好地干。

一、什么是"跳槽"

"跳槽"是比喻人们主动变换工作,从原来的单位或原有的职业转到别的单位或别的职业。

随着我国改革开放的深入和社会主义市场经济体系的逐步建立,经济的飞速发展,人们观念也在更新。时下,人们不仅认可"跳槽",羡慕"跳槽"者,而且热衷于"跳槽"。目前,全国各地相继建立了劳动力市场,它不仅是人才资源的原始集散地,更是"跳槽"者的乐园。可以这么说,没有"跳槽"者,就不可能有火爆的劳动力市场;没有火爆的劳动力市场,人才资源的合理配置就会受阻,经济的发展速度便会放缓,这已是经济界人士所共识。

在就业初期一旦遇到不顺心的事或困难就跑回家,这是"跳槽"吗?

二、"跳槽"的动机

"跳槽"的动机是指人们产生"跳槽"思想并实施"跳槽"行为的内心冲动或者起因。引起"跳槽"者"跳槽"的起因很多,有对岗位不称心,认为原单位的工作情况与自己所学专业不对口,自己有理想有抱负,却由于专业的限制而得不到实现,从而进行行业间的"跳槽";有对单位不满意,例如单位里竞争过于激烈或者工作压力太大而工资收入太低,单位人际关系复杂,单位所处的地域不理想,对单位的发展前景看淡,与单位里某个人关系紧张等,都将引起"跳槽"者进行单位间的"跳槽"。

"跳槽"的动机,归纳起来主要有三类:

第一类是积极型"跳槽"。"跳槽"者在原单位干得好好的,有的甚至还是单位骨干,很受领导重视。但基于对自己的重新发现、重新认识,为了寻求新的更快的自我发展,以求自我完善和自我价值最大的实现而对职业或环境及各种条件做出调整。此类"跳槽"者,如果是他们对自己有一个比较客观的准确的认识,往往"跳槽"的成功率较高。例如孙中山,他如果不进行重新选择,就不会成为伟大的资产阶级革命家,充其量不过是个高明的医生。还有如鲁迅、郭沫若,如果不进行重新调整,至多也不过是个医术过人的大夫。当然,我们也不能排除有些人,由于对自己缺乏全面、正确的认识,过高估价自己的能力,轻率"跳槽",虽然偶尔也有成功的,但他们往往以失败而告终,反而丢掉了原先较好的工作。

第二类是消极型"跳槽"。"跳槽"者基于种种客观因素而不满现状,被迫"跳槽"。"山不转水转",通过"跳槽"来改变一下环境,这从长远的观点看,很可能会使你跳出逆境,走向辉煌。俗话说:"树挪死,人挪活。"确实有不少人由于调动工作,转换地方,改变行业而"活"了起来,过去是"草",现在是"宝";过去是"虫",现在变成了"龙",从而一举成名。但是,对于此类"跳槽"者,在决定"跳槽"之前,一定要慎之又慎,因为毕竟"跳槽"就意味着你放弃了现在已经建立起来的"基础",一切将从零开始。

第三类是盲目型"跳槽"，你问他为什么"跳槽"，他自己也说不清，有的跟着同伴一块"跳槽"，盲目追随他人；有的仅凭一时的心血来潮，一味只想体验"跳槽"的刺激；还有一些人，永远安不下心来工作，不断"跳槽"，经常变换工作。

三、"跳槽"应慎重

"跳槽"有其有利的一面。因为"跳槽"可能使"跳槽"者的处境从不好到好，从好到更好；使待遇从不满意到满意，从满意到更加满意。但是，"跳槽"是否真的能使每个人都如愿以偿呢？不！因"跳槽"而落泊者也不乏其人，有的甚至更加糟糕，使原本的"跳槽"演变成了后来的"弃槽"，委实可惜。

记得有次高考的看图作文，讲一位挖井的人，挖了一口又一口，每口井都挖下那么一点点，没有更深入下去，结果没有一口井能挖出水来。儿童文学也有一则类似的故事：一只小猫看到一只老猫钓到了一条鱼，就跑到他那里，刚放下鱼钩，又看到另一只老猫也钓到了一条大鱼，他又收起鱼竿，跑到另一只老猫那里钓，结果可想而知。所以，我们在决定"跳槽"之前，一定要认真地想一想，自己到底为什么要"跳槽"？不"跳槽"行不行？要三思而后行。

"跳槽"不是人才增值的惟一良策，在企业人力资源管理者的心目中，一个频繁"跳槽"的人，只能说明

频繁"跳槽"好吗？

此人要么能力有限，要么根本不会处理人际关系。频繁"跳槽"者，他的敬业精神也会被大打折扣。所以，我们应尽量按敬业、合作、进取的理念做每一件事情，坚持正道才是最佳策略。

高薪是"跳槽"的一个无可厚非的重要原因，但是理智的人会更看重"跳槽"能否提供再次发展和实现理想的机会。如果"跳槽"除了能提供一份高薪外，并没有太好的发展前景，那就应该对原来任职的公司做一个认真的评价：公司是否有发展前景，自己对现从事的工作是否感兴趣，能否胜任。这是决定是否"跳槽"的重要原因。

四、如何"跳槽"

一个人在认真权衡了利弊和得失之后，决定"跳槽"，那么他该如何成功地"跳槽"呢？

(一)了解国家人事政策与企业人事制度

目前，我国劳动者就业的方式是"双向选择、竞争上岗"，这有力地促进了劳动力资源的合理配置。为了使从业人员更好地服务于经济建设，国家制定了许多政策，以实现宏观上对从业人员流动的控制和指导。所以，"跳槽"者在"跳槽"时，要了解这方面的政策，以免碰壁。

"跳槽"包含与原用人单位解除劳动合同的过程和与新用人单位建立劳动合同的过程。这两个过程都受劳动法的调整、保护和约束，也受劳动合同的约束。如果"跳槽"者在"跳槽"时，触犯了劳动法某一强行性条款，或者违反了劳动合同的约定，都会影响"跳槽"的顺利进行，甚至还可能承担某些赔偿责任。

(二)把握全局，选准时机，迅速"跳槽"

当你准备"跳槽"，特别是在已经寻找到了新的就业单位时，切记不能拖泥带水，以免夜长梦多。有人认为，在没有正式提出"跳槽"之前，应不露声色，工作待人接物应当比平时更好，而一切"跳槽"的准备工作应当像鸭子游水那样暗暗使劲。在这期间，应仔细研究你与单位签订的劳动合同及单位关于员工"跳槽"的规定，在吃透了规定，排除阻碍后，才正式提出辞职的要求。千万不要在未做好准备的情况下，轻易提出，要不然，可能会被单位抓住把柄，不准辞职或因为某些细节(比如培训费、服务期、业务交接等)双方协商不一致，而进入漫长的"官司"中。如果是这样，那么你可能会失去机会，甚至还会给自己带来无穷的麻烦。

根据法律法规的规定，用人单位与劳动者建立劳动关系必须订立书面的合同，任何口头的承诺和约定都不具有法律效力。根据现行的规定，被录用的人才必须在辞掉了原单位的工作后，新用人单位才可以给你办理正式的录用手续。因此，在用人单位承诺录用——辞职——办理录用手续的过程中，"跳槽"者必然会出现一段无职业的"真空"期。如果新用人单位与应聘者之间没有书面的合同，若新用人单位中途变卦(这是经常出现的事)，那么"跳槽"会变成"弃槽"。因此，"跳槽"者对此要有清醒的认识，并尽可能采取防范的措施。比如，要求新用人单位先订立合同（合同中可以约定生效时间或条件），若订合同较难办到，也可要求新用人单位出具书面的承诺，并约定毁约的赔偿责任。

李小姐在为一家公司服务了2年2个月时，找到了更理想的工作，决定向公司提出提前解除合同。由于合同规定的服务期为三年，而且规定提前解除合同应赔偿公司3万元。李小姐想当然地认为，三年赔偿3万元，那么一年赔偿1万，三个月不过赔偿2500元。想不到公司并不同意李小姐的计算方法，坚持要她赔偿3万元。结果双方从仲裁机关闹到法院，整整花去了一年多的时间，李小姐为此失去了这次极好的机会。

(三)不要三心二意

在不少情况下，当员工，特别是业务骨干、优秀人才向公司提出辞职时，公司会提出挽留；甚至公司的高层领导也会出面挽留，并做出种种诱人的许诺。有人会经不住诱惑而放弃"跳槽"。根据大量资料表明，这种许诺的兑现率很低，而且往往是个陷阱。除了少数精英人才公司会真正挽留外，用人单位的挽留和许诺往往是一种缓兵之计。这是因为，一是可能公司一时无

合适人选接替你；二是公司还需要你肚子里的"货色"。一般来说，用人单位是不会喜欢存有二心的人的。既然你想"跳槽"，说明你对企业不忠。"防人之心不可无"，虽然公司以许诺暂时将你留下，但大多数公司会对你存有戒心，当公司找到合适的替代时，你也没有好日子过了。

不过，当你权衡利弊，愿意留任的话，必须要与老板将挽留的承诺达成书面协议，作为日后兑现的凭证。有了这样的保证，你就要全身心地投入到工作中去，为公司赢得更多的利润，也不枉老板的重用，也不必担心老板会对你以前的辞职请求怨恨了，因为人往高处走的道理是可以理解的。

任何时候，任何地方，在任何环境下，机遇与挑战始终并存。既然经慎重决定了的事，就不要再朝三暮四。决定"跳槽"，就要勇敢地跳；决定不"跳槽"，就要专心致志地工作。过于思前顾后，必定为失落所累；羁于失落，必定潇洒不起来。

刘先生第一次提出辞职时，公司就曾挽留过他，那时老板确实给了他比以前更为丰厚的薪水，也有几个不错的项目让他负责，当时他挺感动的，决心好好做出点成绩来，以报答知遇之恩。然而，最终的结果是：老板派了一个所谓的助手给他，几个月后，他的工作渐渐地被移交到那位助手的手里。刘先生开始觉察出有些不对劲，正准备找老板谈谈时，老板已主动来找他。并告诉他，如果你愿意的话，随时可以离开公司。就这样，在毫无准备的情况下，刘先生在公司里便一无是处了。

(四)注意保护原就业单位的商业秘密

商业秘密是指不为公众所悉，能为所有人带来经济利益的技术信息和经营信息，如化学配方、工艺流程、设计图纸等技术信息，也包括管理方法、营销策略、客户名单、货源情报等经营信息。保护商业秘密，我国《民法通则》、《技术合同法》、《反不正当竞争法》及有关科技管理的

法规中都有规定。《劳动法》也规定合同当事人可以在劳动合同中约定应保守用人单位商业秘密，以保护用人单位的合法权益。因此，"跳槽"者在"跳槽"时，切不可泄漏原单位的技术信息或截留原单位的货源情报、客户需求信息等。否则，一旦给原单位造成经济损失，将会给自己带来麻烦，甚至"吃官司"。

财会专业的应届毕业生孙某，毕业后自谋职业到一家娱乐有限公司工作，公司与孙某根据《劳动法》的规定签订了为期三年的劳动合同，工种是会计。一年后孙某因业务优秀，成为该公司主管会计。又隔一年，孙某认为公司支付的工资太少，其他待遇也低，经同学介绍，又准备"跳槽"到另一家公司，遂提出辞呈。公司认为孙某已全面掌握了公司的财务情况，是不能离开的人才，又根据合同，尚未到期，若走人，则会造成公司的重大损失，于是提出提高工资的

回复。无奈孙某已向新公司做出承诺,执意要离开。当孙某不辞而别后,该公司根据合同,向劳动仲裁机构提出申请,要求孙某赔偿损失10万元,并以其他单位不得任用未解除劳动合同的职工的法律规定,将孙"跳槽"去的新公司列为被诉人,要求承担连带责任。仲裁机构裁决孙某和新公司败诉,孙某不服,起诉到法院,法院将如何审判?

李某是1996年大学毕业生,被某外资公司所录用,双方签订了三年的劳动聘用合同,合同中有保守用人单位的商业秘密的规定。由于李某天赋聪颖,办事能干,仅半年,就因成绩显著被破格提升为供应科科长。在从业过程中,李某深知该公司的管理方法、产销策略、客户名单、货源情报等经营信息。又过一年,李某已成为该公司的内贸、外贸的行家里手,完全能熟练地操作公司的运行规程。李某在谙知市场和公司的运行情况后,自认为独立经商的能力和机会已具备,则与要好同学筹资合伙,效仿外资公司的章法,筹建与该公司业务相同的××公司。之后,李某故意与公司制造矛盾,然后毅然"跳槽",于1998年初正式成立××实业有限公司,进行经营活动。新成立的公司的管理方法、合同范本、岗位职责等与外资公司相同,一字不差。更令外资公司气恼的是,自己的客户、货源情报被李某利用、夺取,从中获得暴利,造成外资公司经营上的重大损失。某外资公司于是向法院提起诉讼,状告李某侵犯外资公司的商业秘密,要求赔偿损失50万元。李某答辩:自己的行为属正当竞争,不涉及保密的技术、化学产品配方、工艺流程、设计图纸等,业务上纯系朋友支持,法律无限制支持朋友搞事业的规定。原告(外资公司)控告李某在掌握公司机要时窃取了保密的公司文件,行为已构成侵权。试问法院能否直接受理。若能,法院将如何定夺。

第五节 走向创业

生活讨论

在毕业联欢会上，同学们在交谈着毕业后的打算。A同学说：我在学校推荐下将去×公司打工；B同学说：我先开一个小店，做点小生意；C同学说：我将与D、E同学一起合伙办一个蔬菜加工厂……同学们对毕业后的生活充满了美好的向往。开店、办厂就是创业，作为职校生你知道创业应具备哪些条件？

创业是时代发展的潮流，创业是青年人自立人生，实现理想的重要途径。对于立志创业的职校生来说，在校期间不仅要学好文化专业基础知识，还要努力培养创业意识、创业的心理品质和创业的能力，完善创业的社会知识结构，为毕业后的创业打下良好的基础。

【多沟通】

作为职校生，你有创业的打算吗？_____

一、什么是创业

创业是人们运用知识与技能，以创造性的劳动把理想转化为现实的过程。

创业可划分为三个层次：一是开设新的职业(指社会上原来没有的职业)。二是创设就业岗位。如开一家商店、餐馆、发廊等，就创设了就业岗位。三是创新。在已有的工作岗位上，努力拼搏，勇于探索而出现的新业绩。创业有广义和狭义之分。狭义的创业是指创业者（个体或合伙)的生产经营活动，主要指开办各种企业、商店。广义的创业是指创业者的各项创业实践活动。创业是有志青年人生不懈的追求和奋斗目标。创业与就业既有联系又有区别。人们可以在就业过程中创业,在创业过程中就业,但创业的关键在于开发。

二、创业意识

创业意识是指在创业实践活动中对人起决定作用的个性意识倾向,主要包括创业的需要、动机、兴趣、理想、信念和世界观等心理成分。创业意识集中体现了创业的社会性质,支配着人们对创业实践活动的态度和行为,规定着态度和行为的方向和强度,具有较强的选择性和能动性。要真正成为一个创业者,首先要树立创业的意识。但创业意识不是凭空形成的,也不是靠主观意志产生的,而需要创业者在实践活动中不断地磨炼、积累和升华。

三、创业心理品质

创业心理品质是指在创业实践活动过程中对人的心理和行为起调节作用的个性意识特征,即情感和意志以及情感过程和意志过程。在日常生活中,有的人个性鲜明,有的人缺乏个性;有的人有胆识有魄力,有的人缩手缩脚,没有做事的胆量,这实际上就是心理品质的不同。综观历史上创造奇迹伟业的人,无一不具有鲜明的个性——即具有良好的创业心理品质。因此,立志创业者必须具备风险意识,敢想敢干,百折不挠,坚持到底,才能走上自立人生,兴家创业之路。

四、创业能力

创业能力是指能够顺利实现创业目标的特殊能力,是以智力活动为核心、具有较强综合性和创造性的心理机能,是知识、经验、技能经过类化、概括后形成的,并在创业实践活动中表现为复杂而协调的行为动作。创业能力直接影响和制约着创业实践活动的进行,是创业实践活动赖以启动和运转的操作因素,直接影响着创业实践的成败。在创业实践活动中,直接发挥效率的创业能力有三种不同层次的能力,即专业技术能力、经营管理能力和综合协调能力。

专业技术能力是指从事职业和创业活动所必需的知识和技能,以及运用已经掌握的知识和技能解决生产实际问题的能力。专业技术能力是创业能力中最基本的能力,是创业能力形成的前提;经营管理能力是人、财、物、时间、空间的合理组合和科学运用的能力,是创业能力中较高层次的能力,它直接影响创业的规模与效益;综合协调能力是由多种特殊能力与经营管理能力综合而成的,它是创业能力中最高层次的能力,是创业者在创业实践中学会学习、学会做人、学会生存、学会发展、学会创造等各种特殊能力的概括。

从创业主体的角度看,具备哪一层次的创业能力,对其创业实践活动的意义和价值是完全不同的。实践证明,仅有专业技术能力的人,可以成为一名合格的从业者,也可以成为创业者的合作伙伴,但很难成为一个有为的创业者,有时甚至是时代潮流的落伍者和社会竞争的失败者;而有综合协调能力的人,不仅可以成为有专业技术能力者的合作伙伴,而且可以成为其雇主和上司。当客观条件具备时,他们之中的佼佼者常常脱颖而出,成为社会竞争的成功者。因此,对于创业者来说,具备综合协调能力是保证创业实践活动成功的至关重要因素之一。

五、创业社会知识结构

在创业实践活动中对创业实践活动经常发生作用的、直接产生效果的创业社会知识主要有三种类型:专业技术知识、经营管理知识、综合性知识。创业社会知识结构是基本的认识结构, 为人的心理和行为活动提供了知识——信息框架和背景, 其广度和深度决定了实践活动的广度和深度。它的形成与发展受制于创业心理品质和创业能力, 同时又成为这两者形成和发展、更好发挥作用的基础。

要想抱住企业这块
蛋糕非得三头六臂不可

职校生在校主要学习专业技术知识,这是最基本的, 它旨在保证职业学校学生在毕业后能自立于社会。对于立志创业者来说,这还远远不够, 还应在课余重视经营管理知识和综合性知识的学习,有意识地参加社会实践活动,以训练与提高自己的经营管理能力和综合协调能力,为未来的创业做好充分的准备。

【多沟通】
我是否具备了创业素质呢?_____
_____

六、创业前的准备

立志创业者,当你具备了创业意识、创业心理品质、创业能力和创业的社会知识等"软条件"后,就可以着手准备创业的"硬条件"。创业的"硬条件"准备包括创业目标的确定、创业环境的调查研究、资金的筹措、企业的选址、人员的聘用和培训、设备购置、企业规章制度的建立等等。同时要及时到有关部门办好相关手续(主要有:专项审批、验资、登记注册、申请企业代码、税务登记等)取得生产经营资格的合法。

创业是社会变革的召唤,是社会发展的需要,国家已为立志创业者提供了宽松的外部环境,立志创业的青年一定能在这个大舞台上一显身手,创一番伟业。

刘永行最初是在1982年与他的三个兄弟各自辞去公职后建起了一个鹌鹑养殖厂,因为养鹌鹑当时很赚钱。在经营中他发现,当地农民最急需的是养猪的饲料。四川是养猪大省,猪饲料的需求很大,但竟没有一个企业想到去生产猪饲料。刘永行因此在养鹌鹑的同时,又建起了一个猪饲料试验基地。他喂养了100多头猪,邀请一些专家共同研究猪饲料的配方。正在这时,外国大型跨国公司把他们的猪饲料推到中国,这些洋饲料因其投料少、催肥快、喂养简单而大受农民欢迎。尽管价格惊人,但农民还是争相购买,甚至走后门托关系才能

买到。刘永行的机会到了，他加大了猪饲料的研发投入，并成立了"希望科技研究所"，在国际流行饲料配方的基础上，大胆使用本地的丰富资源，终于研制出"希望牌"饲料。这种饲料不但在效能上不比洋饲料差，而且价格也远低于洋饲料。

宋朝弟进入电脑软件业时，正是财务和游戏软件最红火的阶段。可他开发的第一个软件竟是"CSC中学校长办公系统"。然后又是一个"CSC电脑家庭教师"，为此公司决策层发生了激烈的冲突。当时大家都认为投资教育是政府的事，怎么可以当作产业来经营呢？当时是1993年，那时的人们还未认识到教育产业大有前途。宋朝弟当时也没这种认识，但他诚恳地对大家说，我教过三年书，我深知教育中存在着巨大的商机，只要我们能做出质量高、操作便捷的教育软件，就肯定有市场。但大家认为这样的产品在电脑不普及的情况下根本不可能有市场。宋朝弟急了："我都想好了，行也行，不行也得行，而且你们得带着笑脸去干。"

产品开发出来后，宋朝弟以创造性的营销方式，请来2万名中学生，在北京军事博物馆排开500台电脑，教学生当场使用，并承诺凡使用"家庭教师"软件考不上大学的赔款2000元，一下在北京掀起了购买这套软件的热潮。这以后，宋朝弟在教育产业上越做越深，越做越大，终于做成中国最大的教育软件公司。